Albert O. Hirschman

Exit, Voice, and Loyalty

Responses to Decline in Firms,
Organizations, and States

退出、呼吁与忠诚

对企业、组织和国家衰退的回应

[美] 艾伯特·O. 赫希曼 著   卢昌崇 译

格致出版社　上海人民出版社

此书献给 E. 卡洛尼（Eugenio Colorni，1909—1944），是他给我埋下了思想的火种，并教导我如何引燃它。

——［美］艾伯特·O. 赫希曼

译者序　　/卢昌崇

赫希曼的学术生涯、主要著述及"退出—呼吁"理论

赫希曼的学术生涯

艾伯特·O.赫希曼（Albert O.Hirschman）1915 年 4 月生于柏林，2012 年 12 月辞世。1932—1933 年就读于柏林大学，1933—1935 年转读于巴黎大学；1935—1936 年就读于伦敦经济学院；1936—1938 年就读于德里雅斯特大学，获经济学博士学位。赫希曼的早期生涯除了在校学习以外，主要是在欧洲大陆从事反法西斯斗争。20 世纪 30 年代中期，他在意大利积极支持反墨索里尼的地下斗争，1936 年曾与西班牙共和军和法国陆军并肩作战。1940 年法国陆军失败后，他在马赛待了 6 个月，其间，曾积极拯救不满于纳粹统治而向外逃亡的政界和知识界的人士；他于 1941 年 1 月离法赴美。赫希曼于 1941—1943 年在加州大学伯克利分校从事国际经济学研究；1943—1946 年在美国服兵役；

1946—1952 年在美国联邦储备局任经济学家；1952—1956 年在哥伦比亚首府波哥大市（Bogota）任经济顾问。1956 年以后，赫希曼才正式开始他的职业科学研究生涯。他先在耶鲁大学做过两年访问教授（1956—1958 年），继而被哥伦比亚大学聘为国际经济关系学教授（1958—1964 年），再接下来被哈佛大学聘为政治经济学教授（1964—1974 年）。自 1974 年开始，赫希曼于普林斯顿高级研究院（Institute for Advanced Study）任社会学教授，直到 1985 年退休；退休后任该研究院名誉教授。

赫希曼是 16 所世界知名学府的名誉学位获得者，曾先后赴 20 多所大学讲学，是美国国家科学院（National Academy of Sciences, USA）等学术团体的会员，是美国经济学会的杰出研究员。

赫希曼的主要著述

赫希曼学富五车，研究成果极为丰厚：他出版了 18 部英文著作，10 余部其他语种的著作，发表论文 80—90 篇。

赫希曼的研究兴趣极为广泛，如经济发展问题、南美和西欧社会发展、组织理论、经济学与政治学的关系、思想史及社会变迁史等。下面，我将按时间脉络从三个方面介绍赫希曼的主要学术观点。

赫希曼的经济发展理论

在经济发展问题方面，赫希曼的以下三部作品是比较有代表性的：《经济发展战略》[1]《发展之路：对拉美地区经济决策的研究》[2]《发展项目述评》[3]。其中，《经济发展战略》一书最负盛名，曾先后被翻译成法、德、意大利、西班牙、葡萄牙、日、印度尼西亚、孟加拉、朝鲜等多种文字出版。赫希曼与传统的流行观点有所不同，他认为，发展中国家宜打破常规（putting the cart before the horse），实行"不平衡的增长战略"；自由放任或循规蹈矩地实施"理性"的经济增长计划，并不足取。赫希曼认为，在经济发展的初期阶段，一个国家应该将基本建设投资集中在诸如工业、农业等"直接的物质生产部门"（即 directly productive activity，简称 DPA），而不应当集中在教育、运输等非物质性生产活动（即 social over-head capital，简称 SOC）。而政府部门却颠倒了二者的投资顺序，因为后者的投资风险低，且易为公众所接受。SOC 的短缺与过剩能促进后进国家的经济发展：DPA 的扩张将引致 SOC 的短缺，SOC 的跟进又会使 DPA 总量相形见绌，短缺—过剩—短缺……这种关系会周而复始地进行下去。此类"不平衡战略"生机勃勃，能促进经济总量增长。

20 世纪 70 年代以后，"可能性主义"（possibilism）的论点在赫希曼有关发展理论的著述中一直居于支配地位。[4] 当时的社会科学大多致力于探索事物发展的普遍规律，但却忽略了事物发展的特殊性、偶然性和难以预见性。持普遍规律论点的学者们认为，社会和经济之所以向前发展，那是因为人们遵循了这些规律；如果出现停滞或遇到挫折，那是因为前进过程中碰到了不可逾越的障碍。但历史发展过程表明，社会变迁的实际路径与学人们的先验假定是迥然不同的：障碍孕育着机会，挫败所能产生的效应也往往出人意料。从这一论点出发，赫希曼逐步形成了自己对有关发展问题的一套独特的研究方法。它体现了对复杂多变的客观世界的尊重，承认了事物在发展过程中存在着化衰减为新奇的可能性。

赫希曼的退出、呼吁与忠诚理论

赫希曼的这部著作立意新颖，分析深刻，结构严谨，论述有致，因此，把它看成是一篇巨幅论文也许更合适一些。该书自出版以来，好评如潮，影响甚广，引用率一直居高不下，曾先后被翻译成西班牙、葡萄牙、法、德、意大利、日、匈牙利、中文等多种文字公开出版。赫希曼的逻辑起点是，由于技术进步和劳动生产率的提高，人类的生产活动会创造出一定的剩余，从而使各类组织都程度不同地具备了承载低效运行的能力，因而，绩效衰减（deterioration）迟早会发生，经济"松弛"（slack）也会不期而至。

　　所谓的"松弛"就像一只稍许泄气的氢气球，固然是瘪了些（这个"瘪"字，是体现"松弛"一词的最准确、最形象的字眼），但照样能在空中飞翔，只是高度和飞速（即经济绩效）不如以前罢了。要想使氢气球恢复往日的"雄风"，就要注入些气体，使之再度滚圆而飞舞起来。如此这般地"瘪—圆"往复，就是赫希曼所称的"衰减与恢复"和"松弛与紧张"。这种思想其实也是赫希曼"不平衡发展"战略的一个延伸和体现。用赫希曼自己的话说就是："在任何时点上，经济资源的配置比例都不是恒定不变的，如果行业间的发展出现了不平衡，私人企业家和公共部门就会采取相应的行动，将更多的资源和要素转移到欠发展的行业……松弛给挤压机制留下了作用空间，使之释放出更多的投资、人力资源、生产要素和管理决策。"[5] 由于社会在不断地创造剩余，松弛也会与时俱进，被不断地"生产"出来。不论我们的社会制度设计得多么完善，组织都具有不断衰退的倾向，这种衰退既可能是持久的，也可能是间歇的，但否极泰来，因应之道也会在衰退中不断地产生。只要"氢气球"还没有瘪到跌落在地，即衰退的企业还未病入膏肓，衰退过程本身就有可能激活某些反作用力，使事物走向反面。本书所流露出的这些观点，是赫希曼所称的"可能性主义"的具体体现。因此，这本书也是赫希曼有关经济发展理论的一个延续。

面对组织绩效的衰减，消费者或成员有两种选择，一是退出，二是呼吁。接着，作者论述了这两种恢复机制的运作机理和方式、各自的优缺点、理想的运作次序及组合、二者间的交互作用及适用条件、忠诚对退出与呼吁的影响……

在主流经济学家看来，竞争与退出是恢复组织绩效的最好方式；在政治学家的眼里，退出则无异于背叛，呼吁也不是什么好东西。但赫希曼的论述却表明，竞争作为一种绩效恢复机制作用较小，而且，也是有条件的；人人竞相退出不仅于事无补，反而会把组织进一步推向深渊，从此一蹶不振甚至退出"历史"舞台。因此，就促进组织绩效恢复而言，退出不如呼吁，竞争不如垄断。因为垄断能够阻止退出，有利于呼吁机制发挥作用。(若退出在先，则无从呼吁。)但是，在一种完全垄断的市场结构中，由于组织没有竞争对手，退出便失去了威胁作用，于是，呼吁会流于形式，失去了赖以发挥作用的依托。赫希曼的总体结论有三。一是，退出应当与呼吁相结合。在组织绩效衰退的前期阶段，二者之间的结合具有一定灵活性，在后期阶段，这种结合的灵活性较小，原因是现实的市场结构兼具垄断与竞争的特征。凭此，赫希曼将市场性的力量（退出，主要凭借市场来发挥作用，通常属于经济范畴）与非市场性的力量（呼吁，是民主的具体表现形式，通常属于政治范畴）在促进组织绩效回升或经济发展过程中完美地结合起来。二是，呼吁机制作用于前，退出机制作用于后，消费者或成员被暂时"锁定"且手中还拥有退出选择时，呼吁能在敦促组织绩效回升过程中发挥较大的作用。三是，我们应当设计出一种制度，以提高人们呼吁的意愿和效率，降低呼吁的成本。

那么，如何才能"锁定"消费者，使之在选择退出之前高声呐喊，将呼吁的效应发挥得淋漓尽致呢？这时，"忠诚"（loyalty）概念浮出了水面。赫希曼的论证过程表明，对企业或组织的忠诚具有延缓退出的功效，能使呼吁在修复衰减过程中的作用趋于极值。因为此时的退出最具威胁性，企业或组织必须对消费者或成员的呼吁尽快做出回应。忠诚在退出与呼吁组合及其交互作用的过程中，扮演着一个不可或缺的角色。

1982 年赫希曼推出了另一部著作——《转变参与：私人利益与公共行动》[6]，论述了当个人和社会卷入紧张的政治活动时，是什么力量推动他们选择介入、退出或来回转换的，其中，也探讨了经济学和政治学的区别与联系。这部著作被翻译为法、意大利、德、西班牙、葡萄牙、日、中文等多种文字，从思想脉络上看，是《退出、呼吁与忠诚——对企业、组织和国家衰退的回应》的姊妹篇。

赫希曼的思想史观及其晚年研究的主要问题

在思想史和社会变迁理论方面，赫希曼的代表作是《欲望与利益》[7]。在这本著作中，赫希曼再现了 17 世纪和 18 世纪流行于欧洲精英中的政治思潮，要旨在于说明意识形态转换的复杂性。当时，先前一直被看成十恶不赦的逐利行为又被贴上一个新的标签，即它也能触发人类的激情。这种激情一旦被撩拨起来便一发而不可收，极具破坏性。赫希曼认为，新旧制度转换的连续性是资本主义兴起及强盛的原因，而在马克思和韦伯看来，两种制度之间应当存在着一条清晰的鸿沟。赫希曼认为，资本主义制度崇尚"无害的"逐利行为，压制人们的激情，既有强大的文明影响力，也是道德和社会结构的摧毁者。

《欲望与利益》一书影响所及甚远，先后被译成西班牙、葡萄牙、法、德、意大利、日、中文等多种文字出版。1997 年，适值此书问世 20 周年之际，普林斯顿大学出版社再版此书，以为纪念；阿马蒂亚·森（Amartya Sen）为这个纪念版执笔写序，赫希曼又撰写了一个新的前言。

耄耋之年，赫希曼宝刀不老，仍笔耕不辍。他还一如既往地钻研政治经济问题，探讨拉美国家 20 世纪 60—70 年代独裁统治盛行而 80 年代又实行民主政治的经济成因。他又进一步拓展了退出与呼吁概念在各类组织中的应用——小至家庭，大到德国民主党的下野。社会思想史中的"欲望"与"利益"始终不离他的案头，他涉猎的人物很多，从意大利的马基雅维里（Machiavelli）到法国的托克维尔（Tocqueville），都在他的比较研究视野内。

1995 年他出版了一本新著，并不无戏谑地称为《自我否定的倾向》[8]。1998 年出版了《跨学科著述选编》[9]。

《退出、呼吁与忠诚》的启示

赫希曼围绕退出与呼吁所得出的三个结论值得我国的政治家、政治学家、经济学家以及各种组织的决策者们认真思考，对我国政治体制改革、经济体制改革以及各个层面的管理都极富参考价值。

应当加快政治体制改革的进程

政治力量和经济力量是拉动社会经济前进的两套马车，若两者能并驾齐驱，那当然最好，但在不平衡规律的支配下，这种理想的状态通常是难以实现的。但是，这也决不意味着两者间的差距就可以毫无限制地拉大。用赫希曼的话说："当基本生活资料已经解决且社会的生产剩余还在不断增长时，随之而来的是，经济发展过程本身会对政治发展进程提出更高的标准和更严格的限制。18 世纪的工业和商业扩张大受欢迎并非是因其有望使全社会的生活水平得到大幅的改善，而是其对国王恣意妄为的心态显示出了强有力的约束，并使体制内绩效损失的空间大为缩减甚或被完全排除。"我国的经济体制改革已经轰轰烈烈地进行了30多年，经济发展取得了长足的进步，政治体制改革的步伐亦应当加快了。

应当强化民主管理

在企业层面上，管理者们应当经常倾听员工们的呼声，关心他们的疾苦，要对员工们的合理化建议积极地做出回应。在物欲横流的商品经济社会里，强化民主管理有利于从精神激励层面调动员工们的主观能动性、积极性和首创精神，能增强员工们对企业的认同感、使命感和归属感。按赫希曼的理论观点，我们传统上所强调的"爱厂如家"的精神并不是一句空洞的理论说教，它是忠诚的表现形式，能最大限度地支撑呼吁、延滞退出，在企业的经营绩效始见衰减时，起到修复性的作用。此类机理在管理者处理与客户的关系时也完全适用。[10]

要拓宽农民的呼吁渠道，要切实地减轻农民的负担

由于体制、经济和国情等方面的原因，从空间维度上看，我国的农民是一个被高度隔离的特殊群体，"退出"的大门对他们

而言几乎是完全关闭的。他们羡慕城镇，农民们退出自己群体或者说在城镇立足的机会极其有限。实行改革开放以后，经商、升学、招工、外出打工等，成为农民们试图退出本群体的主要形式。但是，除升学和一部分经商者以外，多数人的退出"质量"是要大打折扣的。比如，户籍（尽管它远不像以前那样重要）、工资、劳动保险、工作条件、居住条件、生活质量等，和真正"上流社会"的成员根本不可同日而语。这与赫希曼在本著作中所援引案例的精髓何其相似：

> 如果一个印第安人要想离开他的高原属地，抛弃自己的印第安人背景，打上其他社会阶层的印记，其一般方式是通过婚配而成为一个混血儿。然而，采用这种方式成为混血儿的个体，最终发现他还是倍受歧视，仍是饱尝"苦难"族群中的一个组成部分。他热望城市中的上流社会，但上流社会却遗弃他。

最近，我国的户籍管理制度已经有所松动，允许有稳定收入的农村人口在中小城镇定居，这对农民兄弟而言是个好消息。但赫希曼的担心也不无启迪：

> 这种做法……只会使群体中的个体成员获得擢升，……与有选择性地薅鸡毛并无二致，……他将群体中的优秀分子

剥离出去，实际上是削弱了这个群体的聚拢能力。

原因是，有能力在城镇定居的农民，多是经济实力雄厚、对生活质量敏感或是当地有声望、有影响的社会成员，他们的退出，一会使农村失去带头人，使呼吁机制受到严重削弱，二会带走资金，影响农村经济的进一步发展。因此，不如在当地实行个体与群体混合推进更有利于农村经济的发展，更有利于农民兄弟的整体提升。

农村的基层单位就像一个个彼此高度分离的垄断组织。由于农民们退出无门，便只能求诸呼吁；但由于没有竞争对手，退出便失去了威慑作用，农民们的呼吁便会无人理睬。况且，我国农村最主要的问题是人口总量过剩，因此，一方面，退出的大门在较短的历史时期内是无法向农民们开启的；另一方面，即或真的开启，非但不能起到任何敦促作用，反而有可能受到地方官吏的欢迎。因此，我们只能把着眼点放在呼吁方面，我们的制度设计取向应当是：拓宽呼吁的渠道，降低呼吁的成本，提高呼吁的效率，采取有效的回应措施。

应当成立一个由上至下垂直领导且独立运作的专司回应农民呼声的督察机构，实行农民越级呼吁的制度，即乡里的问题要反映到县一级督察机构解决，县里的问题要反映到市、省里解决。这种特殊的渠道能够提高农民们的呼吁意愿，降低呼吁的成本，有针对性地解决农民的问题。中医云：通则不痛。否则，人就会生病。

> 谎言讲一百遍便像是真理。现在真话无处说。上级领导只听农民增收就高兴，汇报农民减收就批评人。有典型，无论真假，就记录，就推广。基层干部察言观色，投领导所好，到处增产增收，形势大好。所以真话也听不到了。[11]

农民们退不得退，呼不得呼，超过了一定限度，就容易采取过激行为。过激行为形同退出，迹近决裂，是一种更为严峻的局面，是另一种性质的"退出"。

要从制度上解决农民负担过重、收费过多的问题。从近期看，宜解决县乡两级行政管理冗员过多的问题。20 世纪 90 年代初，全国农村的官民比例约为 1∶30，是 50 年代的百余倍。在联产承包式生产经营条件下，农村的生产经营活动比较分散，具有较强的独立性和自主性，宜采取扁平式的组织层级管理模式。80 年代全国普遍设立的乡镇管理区机构，曾发挥过一定的历史作用，但时至今日，与现行的生产经营方式很不匹配，应考虑改革；作为应急或过渡性措施，目前可考虑裁、撤、并部分乡、村级管理机构。从长期看，宜改革农村干部的任免制度，推行民选制；应在总结经验的基础上和条件成熟的时候，将现行的农村干部选举制度扩大到乡、县一级；先期的选举形式宜多样化，如河南、山西等地区探索的"两票制"，就很值得进一步研究，这有利于总结经验，加以推广。选举本身既是呼吁的一种表现形式，能培养农民对自己社区的归属感、认同感和忠诚感，从而达到鼓励呼吁、延滞退出的目的，同时对农村干部而言，它也是一种约束机制，有利于提高回应呼吁的速度和效率。

我们还应当注意到，由于外出打工的青壮劳动力太多，有些地区已经出现了土地撂荒的现象，既增加了城镇就业的压力，也严重浪费了农村土地资源。在这些地区，如何"锁定"农民以发挥呼吁的效应是一个迫在眉睫的问题。我们可否考虑将一个乡或县农民退出量（这个指标应参照撂荒土地的多少以及适当的劳动力人均耕地面积来确定）的高低作为衡量地方长官政绩的一个指标呢？这是一柄解决农村问题的双刃剑。一方面，农民们是讲求实际的，"去""留"的抉择要取决于种田的比较经济利益。亏本谁还种？[12]此举有利于解决农村乱收费、多收费的问题。另一方面，要想留住农民，当官儿的就得琢磨着怎样为农民办点儿实事，就得耐心地倾听农民"鼓"与"呼"，就得尽快地对农民的诉求做出回应。这既能提高农民的呼吁意愿，也能达到提高呼吁效率的目的。

其他启示

总之，这是一本具有很高学术价值的著作。例如：对垄断组织的重新认识；对利润最大化假定的质疑与修正；什么样的市场结构更有利于经济绩效的恢复；制度性的障碍能提高退出的成本，从而激活呼吁并使之发挥作用；联合抵制兼具退出和呼吁的功能；由于基本不存在退出障碍，多党制内部的民主制度鲜有获得发展的机会；等等。这些，对进一步深化我国政治经济体制改革都有一定的参考价值。

我相信，览罢此书，掩卷遐想，读者会有更多、更深、更直接的体会。

结　语

译毕全文，付梓在即，论理，心情应当非常轻松。但转念之间却又生出几分惴惴不安的感觉来。因为这是一部政治经济学的经典作品，加之赫希曼思想博大，英文造诣极深，尽管在翻译过程中我使出了浑身解数，但仍怕有欠妥之处，既糟蹋了名著，也辱没了赫希曼的名声。感谢我的导师汪祥春先生，在第一版的翻译过程中经常回答我讨教的问题。而这版时，先生已经作古；讨教无人，令人唏嘘不已！感谢我的妻子王秀中女士，每次，她都既是译文的第一读者，也兼承文字编辑工作。出版社编辑精益求精的敬业精神也令我深为嘉许，为了一个字眼儿、一个小问题，她们经常与我"纠缠不休"。

2000 年末初稿

2014 年修订

注 释

[1] *The Strategy of Economic Development*, Yale University Press, 1958.

[2] *Journey Toward Progress: Studies of Economic Policy—Making in Latin America*, Twentieth Century Fund, 1963.

[3] *Development Projects Observed*, Brookings Institution, 1967.

[4] Albert O.Hirschman, "Introduction: Political Economics and Possibilism", in A.O.Hirschman, ed., *A Bias for Hope: Essays on Development and Latin America*, New Haven: Yale University Press, 1971.

[5] Albert O.Hirschman, "Economic Development, Research and Development, Policy Making: Some Converging Views", *Behavioral Science*, 7: pp.211—212, April 1962.

[6] *Shifting Involvements: Private Interest and Public Action*, Princeton University Press, 1982.

[7] *The Passions and the Interests: Political Arguments for Capitalism before Its Triumph*, Princeton University Press, 1977.

[8] *A Propensity to Self-Subversion*, Harvard University Press, 1995.

[9] *Crossing Boundaries: Selected Writings*, New York: Zone Books;

Cambridge，Mass.；Distributed by the MIT Press.

[10] Arthur M.Hughes，"Exit，Voice and Customer Loyalty"，Database Marketing Institute，Jan.23，2001.

[11] 引自湖北省监利县棋盘乡乡党委书记李昌平上书国务院领导反映农民问题的信。该信所反映的问题曾引发当地一场大刀阔斧的改革，反响很大。李昌平因此而开罪了许多地方官员，已于 2000 年 9 月 16 日辞去棋盘乡党委书记职务。《南方周末》2000 年 10 月 13 日，《乡党委书记含泪上书　国务院领导动情批复》。

[12] 农民种地亩产 1000 斤谷子（0.4 元 / 斤），仅仅只能保本（不算劳动负担）。80% 的农民亏本，农民不论种不种田都必须缴纳人头费、宅基费、自留地费。丧失劳动力的 80 岁的老爷爷老奶奶和刚刚出生的婴儿也一视同仁，须交几百元钱的人头负担。《南方周末》2000 年 10 月 13 日，《乡党委书记含泪上书　国务院领导动情批复》。

前　言

　　这本书并不是蓄意写成的。最初，它只是一个描述尼加拉瓜铁路运输状况的观察报告，在我前一本书中只占一个段落，即本书第四章的开头部分。一位评论家以一种宽以待人的方式对那一段落提出了批评："其中，必定暗含着许多假定。"过了一段时间，我决定把这些假定从暗处"揪出"来，可没多久却开始了另一番饶有兴味的征程；我原打算在行为科学高级研究中心以悠闲思考的方式打发时光，没想到却为"揪出"这些假定而整整干了一年。

　　我锲而不舍的主要原因对读者而言是有心共鉴的：我所碰到的问题是分析某些经济过程，并有望在较大的范围内阐释社会、政治以及道德现象。为了将其他的内容也串联起来，本书并未以某一学科为分析工具。如附录所示，我所采用的概念不仅可以转换成传统经济分析的语言，而且还会使之更加丰满，但这些概念又决非仅限于传统经济分析领域。我的创作出人意料地轻松，很快就进入了一个全新的领域，这反而使我感到心里不踏实："退出""呼吁"等概念是不是有些太宽泛了？面对这种担心，我失却了一往无前的勇气，大大地缩减了这本书的篇幅。我思考的问题非常广泛，如竞争与两党制、离婚与美国人的性格、黑人权势，以及某些"不得志"的高官未因越战而下野，而且，我还能将这些问题捏合起来一并考虑，因而，总得稍稍地发挥一下才是。

研究中心为此类项目提供了一个极其惬意的环境。我经常"强拖硬拽"地"缠住"其他研究人员与我"谈天说地"。当然啦，这种方式也是该研究中心口头交流传统中的一个重要组成部分。那些人与我共度了一年时光，为我提供了很多知识源泉，对此，我深表感谢，并在本书的注释中有所提及。我尤其要对以下各位致以由衷的谢意：G. 阿尔蒙德（Gabriel Almond），他自始至终是我研究项目的支持者，并提出了一些极为重要的观点；R. 洛温塔尔（Richard Lowenthal），是他的评论激发了我第六章的创作；T. 科普曼斯（Tjalling Koopmans）与斯坦福商学院的 R. 威尔逊（Robert Wilson），是他们的帮助使得本书中的技术分析论证更具说服力。

手稿完成后，A. 伯格森（Abrarn Bergson）和 A. 菲什洛（Albert Fishlow）通读了全文，并提出了犀利的评论和有益的建议。早期，哈佛大学、耶鲁大学、波士顿学院举办的学术讨论会为我交流学术思想提供了机会，使我受益匪浅。1967 年，D.S. 弗伦奇（David S.French）就竞争问题寻查了大量的早期文献，幸而没有获得太大的成功。

斯坦福大学的心理学家，P.G. 津巴多（Philip G.Zimbardo）教授，觉得我书中的某些假定特别值得制定一个计划加以验证，我深表感谢。其研究计划参见本书附录。

H. 泰尔海特（Hildegarde Teilhet）极富热情和技巧地为我反复打印手稿。

在前一本书中，我的妻子为我做出了大量的奉献；这次，她自作聪明地认定：我能在加州沐浴明媚的阳光。

艾伯特·O. 赫希曼，1969 年于加州，斯坦福

目 录

第一章

导言以及学说背景

在任何一个经济、社会和政治体系中，从总体上看，个人、企业和组织[*]都具有从富有效率的、理性的、守法的、高尚的或是合意的行为模式滑向衰落的倾向。不论一个社会的基础性制度设计得如何完善，某些主体未能按人们预期的行为方式来活动，总是在所难免的；其原由可能多种多样，我们假定这些原由都是偶发的。每一个社会都清楚，对此类机能不良或失范行为应给予一定程度的宽容。但是，此类失范行为若蔓延开来，则整个系统就会全盘腐朽。为避免这种情况的发生，社会必须具备集结其内部力量的能力，"治病救人"，尽可能地使"浪子回头"。这些（内部）力量存在于整个国民经济中，本书就承担着探究这些内部力量的任务。但是，本书所确立的概念既适用于诸如企业这样的经济主体，也适用于大量的非经济类的组织或情境。

---

[*] 这里想提请读者注意的是，按通常定义，企业是组织的主要表现形式之一。赫希曼在著作中所使用的"组织"概念，在多数情况下，主要指不以营利为目的的非物质生产单位，如协会、俱乐部、教堂、团体、政党，等等。但从第七章后半部分开始，"组织"一词的含义变得宽泛起来，也包括企业。——译者注

长期以来，道德家和政治学家一直关注的问题是，怎样才能使个人拒绝不仁不义，使社会远离腐败，使政府免于衰退，而经济学家却从未考虑过对经济主体的衰减进行修复的可能。上述问题未被重视的原因有两个：一是，理性行为在经济学中一直是一个坚定而充分的假设，人们至少认为，经济主体的理性程度是恒定的。企业绩效衰减的起因是供给与需求发生了逆向变动，而企业谋求利润最大化（或是增长速度或是其他任何目标）的意愿和能力并未受到削弱。不过，当供给和需求要素未发生变化时，这种说法也可以理解为是企业的"才气或精力最大化的损失"。但后一种解释马上会产生另一个问题，即企业的"精力"怎样才能最大化到原来的水平呢？人们通常是采用前一种解释来说明这个问题。因为在这种情形下，市场的供求条件是客观的，扰动能否恢复到原来的水平还具有很大的不确定性。换言之，企业处于劣势或优势自有其"正当的原由"，这是经济学家们长期以来所坚持的标准假定。而本书中的核心概念——一个随机的且或多或少"可修复的衰减"（repairable lapse）——与这些经济学家的推理是背道而驰的。

二是，经济学家们未对衰减给予关注与第一个原因有关。在传统的竞争经济模型中，企业于衰败之中再度崛起并不是一个十分重要的问题。一个企业在竞争中失败了，它的市场份额旋即被其他企业占领，它的生产要素随之被其他企业（也包括新的市场进入者）利用。结果是，社会资源配置尽可能地获得了改善。有这幅画面镶嵌在脑际，经济学家对"患者"的态度就远比道德家和政治学家更显得神闲气定：他可以一任他的"患者"（如企业）走向衰败；而道德家则劝诱他的"患者"（个人）相信其自身内在的卓越品质；政治学家的"患者"（国家）是独一无二的，具有不可替换性。

弄清了经济学家对此漠不关心的原因，我们即刻就应当对它的正当性提出质疑：把整个国民经济比作一个完全竞争的体系，其中，单个企业财富的变化完全取决于各自比较优势的转移，这是对现实世界的扭曲。首先，现实世界中存在着很多规模宏大且极负盛名的垄断、寡头垄断和垄断式竞争企业。这些企业在国民经济中运作，经营绩效的下降也许或多或少地形成一些竞争中的死角；这些死角管理不善，效率低下，且能年复一年地生存下去；有的政治学家觉察到其政体的完整性正受到内讧、腐败和厌倦的威胁，此时向他进言，必须要谨慎考虑。即使在竞争富有活力的领域，对一时滑坡的企业恢复往日繁荣的可能性采取不闻不问的态度，也是不够妥当的。而在另一些行业，企业为数众多，相互竞争激烈，所面临的市场条件也较为相似，单个企业财富的缩水既可能是随机因素和主观因素演变的结果，而这两个因素是可以矫正或朝着好的方向转化的，也可能是成本和需求条件发生了持久的逆向变动。在此类情形下，为避免社会损失和人力浪费，恢复机制也许能发挥最有效的作用。

说到这，还应再插入一个问题，即恢复机制是可以通过竞争本身来实现的。难道竞争还不能使企业保持高度警觉吗？如果企业境况变糟，难道其绩效下降的经历和被淘汰出局的威胁，还不足以使管理者力转颓势以恢复往日的繁荣吗？

竞争是恢复机制的重要组成部分，这一点毋庸置疑。但我要强调两个问题：一是，竞争的特殊功能的含义迄今还未被充分阐释；二是，当竞争机制可求而不可得时，另一种替代机制就应当开始发挥主要作用，或作为竞争的补充而介入其中。

引入"退出"与"呼吁"概念

上面的论述是以企业产出可以销售出去为出发点的，但这一点在很大程度上也经常或偶尔地适用于不出售产品的组织，如志愿者协会、工会、政党等，它们向会员提供服务而不直接与货币相对应。人们一般假定，企业或组织绩效衰减是某些来路不明的随机因素使然。这些因素作用力不强，作用时间也较短，管理者们如能稍加留意，并不至于妨碍企业的收益恢复到原来的水平。对企业和组织而言，产品质量或服务数量的绝对或相对下降，是绩效衰减最通常的表现形式。[1] 管理层可以通过两条途径发现这个问题。

（1）某些消费者不再购买企业的产品或某些会员退出组织。这是退出选择。结果，企业的销售额下降，组织的会员减少。不管退出的原因是什么，管理者都必须想方设法加以修正。

（2）消费者、会员或径自向管理者、管理者的上级表达不满，或以一般抗议的形式向任何关注他们的人表达自己的愤懑。这是呼吁选择。结果，管理者还得探究消费者与会员不满的原因并设法解决。

对比式地分析这两种选择及其交互作用，便构成了本书其余篇章所要致力探讨的主要问题。我所要揭示的问题包括：在什么样的条件下，退出选择将优于呼吁选择，而又在什么样的条件下，呼吁将胜于退出？作为恢复机制，两种选择的效率孰高孰低？在什么样的条件下，两种选择可以混合地综合发挥作用？作为恢复机制，什么样的制度安排可以使这两种选择日臻完善？有的制度能使退出选择渐趋完美，而有的制度能使呼吁选择渐趋理想状态，二者之间是否具有兼容性？

绩效衰减空间与经济思想的迟滞

在行将回答这些问题之前，我应当驻足片刻，回过头来看看这本书的主题与我们所感受到的经济学和社会学思想具有怎样的关联。

通过与动物行为学专业的学生们（在行为科学高级研究中心时）闲论灵长类动物的社会组织，我了解到，在某些狒狒群体中，"首领"的平稳过渡与高效运作等对人类社会而言显得相当棘手的问题，却获得了较为圆满的解决。下面的这个例子，便描述了一个典型的北非狒狒（hamadryas baboons）群体是如何由一只雄性首领来"统领"的。

次成年的雄狒狒偷偷地将幼年雌狒狒从它们母亲那儿弄走，并对它们百般呵护，极尽"母爱"。它们对幼年雌狒狒的管束很严，并通过反复的出而复归的训练，使雌狒狒不思离群索居……在这个时期，幼年雌狒狒还得过两三年才到"生儿育女"的年龄，因此，"性行为"还没有发生……次成年的雄狒狒日渐发育成熟，部落的"统帅"也日渐步入高龄，"少壮派"开始酝酿部落迁移计划，但最终的迁徙方位还是由老狒狒来决定。雄雌两性间建立了一种十分复杂的关系，一路上彼此相互照应，互通"情报"，在管理狒狒群迁徙过程中配合默契。老狒狒们仍然发号施令，但逐步地放弃了对雌狒狒的占有权而任由少壮派来"接管"……老狒狒们最终似乎完全卸掉了"传宗接代"重担，但从总体上看，仍能在群落中发挥着较大的影响作用；而少壮派仍不断地向它们"咨询"，尤其是涉及群落的迁徙方位时。[2]

狒狒们逐步的、连贯的权力过渡方式令人叹为观止。而反观我们人类社会，随着一个个"好"的政府被"坏"的政府所推翻，一批强悍、贤明或善良的领导人为一群软弱、愚蠢或邪恶的坏蛋所取代，暴力与战乱总是接踵而至。

我们人类之所以未能建立起一个精细的社会程序以确保领导层的连贯与稳定运作，也许是因为无此必要。人类社会发展的特征在于，除了可供维持生存外，还拥有一定的生产剩余。这个生产剩余意味着，人类社会在发展过程中具有承接大量社会绩效衰减的能力。绩效的下降，对狒狒社会来说可能意味着灾难，而对人类社会来说，也许只是产生了某些不便而已，至少在绩效初始下降时期是这样的。

人类社会能够大幅度地承受绩效衰减，是劳动生产率提高和对环境控制力增强的必然后果。与可实现的绩效水平相比，偶尔的衰退与持久的平庸表现到底形成了多少绩效损失，是估量阻碍社会进步因素时必须考虑的一个问题。因此，从事前看，要想找到一种社会性的安排以完全杜绝各种政治组织和不同成分实体所造成的绩效损失，恐怕是徒劳的。由于存在剩余且具有承受衰减的能力，人类社会所要追求的那种自我平衡调控机制，则必定是粗线条的。

这是一个令人不快的事实。长期以来，重温乌托邦式的旧梦阻碍了人们对这一事实的认识：当不断增长的生产剩余大于基本生活资料需求时，随之而来的是，经济发展过程本身会对政治发展进程提出更高更严的限制，例如，它不允许因错误的政治进程迫使经济倒退。18 世纪的工业和商业扩张大受欢迎并非是因其有望使全社会的生活水平得到大幅的改善，而是其对国王恣意妄为的心态显示了强有力的约束，并使体制内绩效损失的空间大为缩减甚或被完全排除。J. 斯图尔特（James Steuart）所著的《政治经济学原理探究》（*Inquiry into the Principles of Political Economy*，1767）一书中的一个颇有特色的段落，可以充分地说明这个问题。

> 不管原来所进行的政治革命的影响是多么直接、多么有害，而革命前的政府机制可比现在的简单得多，不过，在复杂的现代经济制度的作用下，这些影响可能带来的危害都受到了严格的控制，而且也容易防范。
>
> 假定当代国王的权力是绝对地由宪法所赋予的，可经济计划一经确定，国王的权力便立刻受到了约束……先前，国王的权威如同楔子般无坚不摧（国王用它干什么都行，可以开木头，裂顽石，或劈其他坚硬的物体；既可以弃之不用，

也可以随心所欲地重操在手）。但到后来，它就变得像一只制作精美的怀表，除了计时之外便一无所用，而且，一不小心还会跌得粉碎……因此，现代经济体系是迄今为止所发明的抑制君王专制的最有效的一付马缰。[3]

近200年后，一位拉美学者的著述对斯图尔特的崇高愿望做出了回应；依据各种可能性，他得出了与斯图尔特基本相似的预期：经济进步与绩效损失空间成反比。

在前咖啡时代，决策者们一个个过着优哉游哉的生活，因为某种产品即使产量经年上升他们也不必认真地对待。那是一个孩童式的时代，可以嬉戏耍闹。但咖啡使他们成熟并严肃起来；哥伦比亚再也不能随心所欲地拨弄她的国民经济了。意识形态上的专制主义行将终结，节制与理性的纪元即将开始。咖啡与专制是断难相容的。[4]

历史是残酷无情的，它并没有按着斯图尔特和阿提特（Nieto Arteta）的预期线路来演进：从总体上说，经济增长和技术进步并没有为阻止专制主义、无政府主义和轻率的行为设立起有效的屏障。但是，他们的思想脉络并没有消亡。现在，人们普遍认为，在核子时代，爆发世界大战是不可思议的，也是不可能的。实际上，这种看法与前人的观点不无关系。

这些观念的共有假定可简述为：技术进步在提高社会生产剩余的同时，也引入了一种极为复杂的精巧机制。某些失范行为对原来的社会而言虽说不幸但尚可容忍，但若发生在今天的社会就是人类的灾难，因此，必须严加防范。

因此，我们的社会既可以说是能力过剩，也可以说是力不从心：它可以连续不断地创造剩余，但却不能随心所欲地停止剩余创造或降低剩余创造总量；实际上，现代社会行为所受到的限定和钳制既简单又严苛，与没有生产剩余、生存资料匮乏的时代并无区别。

经济学家不可能不注意到，完全竞争模型与上述格局是相似的。因为这个模型也包含着相同的基础性悖论：社会作为一个整体，它所创造的剩余是充裕的，且能稳定地增长；但是孤立地看，每一个企业却都是勉强维持，以至一招不慎就铸成大错。这样，每一个企业都会力争上游，由于物尽其用，社会作为一个整体就会处于生产可能性边界上，并实现永久性的增长。即使人们已经认识到完全竞争模型只是一个纯理论化的概念，没有多少现实意义，但在经济分析中，国民经济不可稍许松弛的概念却一直受到青睐。

人们喜欢剩余，但又深恐为此付出代价。这种既爱又恨的矛盾心态叠加起来，使我们人类害了并发综合征。在思想行为受到朴素而严格约束的条件下，人们渴望进步，不愿轻言放弃；而另一方面，他们也和其他生灵一样，为满足自己最基本的欲求不遗余力地奋斗。鬼才晓得这种渴望是不是来自天堂里的神话传说呢！人类行为所接受的约束条件要比其他生物严苛得多，但令人感到扑朔迷离的是，这些约束条件经常表现出被逐步放宽的趋势，尽管我们从未公开承认这一点。一个略显极端但却极为朴实的想象，很可能把我们所向往的伊甸园弄得面目全非、支离破碎，甚至会与我们的憧憬背道而驰。[5]

但我们必须离开天堂重返社会，因为它只反映了我们故事的一个方面。具有创造剩余的能力并不意味着所创造的生产剩余每时每刻都处于最高水平，这是一个并不复杂的想法，人们当然不会视而不见。事实上，继持久的"紧张型经济"（taut economy）的传统模型之后，"松弛型经济"（slack economy）的某些理论"部件"已经开始为人们所关注。我这里所称的"松弛"并不是指失业和经济萧条，而是指宏观层次功能失调所引发的某些现象，使企业和个人本应持久不衰的谋取利润和追求效用最大化的热情受到了打击。企业特别是大企业的生产经营活动，到底是为了利润最大化，增长最大化，市场份额最大化，社区信誉最大化，抑或是这些综合目标的函数最大化，这是一个颇有争议的话题。我这里所称的"松弛"二字，与这个争议也并无关联。因为构成这个争议的一个基本假定是：不管追求的最大化目标是什么，为获得"最佳"战绩，企业都必将不遗余力地去拼搏，而

"最佳"战绩的标准却是含糊不清的。此外，很多著述指出，由于存在垄断和外部性问题，生产者与消费者正常地追求目标最大化的活动，对全社会来说却未必成为最优的结局。我所称的"松弛"二字，与这些著述的结论也没有关系。在这里，我们又一次看到，实际与潜在产出之间的差异并不是由于微观层面的某种"神经阻滞"而引起的。稍后，我们将持续地关注这一"神经阻滞"的可能性。

西蒙（H.A.Simon）是这一研究领域的鼻祖。他认为，企业的生产经营目标通常在于追求一种适度的满足（satisfactory），而不是最高利润率。[6] 西蒙的观点获得了 R. 西尔特（Richard Cyert）和 J. 马奇（James March）的大力支持；后两位作者曾于 1963 年发表《企业行为理论》一书[7]，并提出了"组织松弛"（organizational slack）概念。几乎与此同时，G. 布克（Gary Booker）也指出，在微观经济学领域，某些基础性的并充分接受过实证检验的命题（例如，某些消费品的市场需求曲线并非向下倾斜），与生产者和消费者非理性和非效率的行为选择在很大程度上也是吻合的，而这些命题最初都是从理性假设推导出来的。[8] 稍后，H. 莱本施泰因（Harvey Leibenstein）又以秋风横扫落叶的遒劲之势，进一步证实了"松弛"的重要性。[9] 最后，M. 波斯坦（M.M.Postan）教授最近声称，以微观经济松弛理论解释英国经济的病灶比宏观政策失误理论更有说服力。他说：

很多（也许是绝大多数）病灶并不是起因于国民经济的"躯体"运行失调，如储蓄率较低，物价较高，或国家用于研究与发展的资源配置不足，而是因为"躯体"的单个细胞出了毛病，如管理、设计、推销或劳动力的群体行为。[10]

就学术观点而言，我与上述作者可谓血肉相连，因为在论及发展问题时，我与他们的观点相似。《经济发展战略》(*The Strategy of Economic Development*，1958) 的基本命题是："发展问题首先要取决于如何将那些潜藏的、零散的、未尽其用的资源和能力调动起来，其次才能论及既定的资源和生产要素如何实现最佳组合。"[11] "松弛"这个术语溜到我的笔尖上还是后来的事，是我与 C.E. 林德布卢姆（C.E.Lindblom）合写一篇论文在归纳该书的要义时才正式使用的：

在任一时点上，经济资源的配置比例都不是恒定不变的，如果行业间的发展出现了不平衡，私人企业家和公共部门就会采取相应的行动，将更多的资源或生产要素转移到欠发展的行业……国民经济出现了某种程度的"松弛"，是此间的一个重要假定，尽管它模棱两可；"松弛"给挤压机制留下了作用空间，使之释放出更多的投资、人力资源、生产效率和管理决策。[12]

人们从不同的角度解释了形成松弛的原因。雷本斯坦强调两个问题，一是企业生产函数的周边环境具有不确定性，二是管理及其他技能难以市场化。西尔特和马奇主要强调谈判过程。这是一种不同市场主体间的谈判，企业要想增加要素投入、提高产量和销售额，实行某种程度上的松散结合是必要的。我本人则强调，企业家及其合作行为是制定发展决策不可或缺的组成部分，但有些因素阻碍了合作行为的进行。不难看出，我的观点与其他人有几分相近之处。

各经济主体的绩效不尽如人意，则整个国民经济通常就会远离其预期的发展水平。这个"发现"令人深感震惊；发现者们会从两个主要方面对此做出回应。最直接最明显的回应是锲而不舍地寻求消减"松弛"的方法与措施，以使其恢复到理想的紧张型的经济状态。如果竞争压力不足，就应当求诸一种反作用力。[13]经营环境经常发生变化，企业岂敢掉以轻心，这会诱使企业绩效回升至潜在水平。[14]如果将创新问题一并考虑在内，则战争和罢工所具有的促进作用也是不可忽视的。[15]我个人的研究集中于两点：一是行业内和行业间的发展不平衡形成了一种挤压机制，二是社会产出过程不允许企业绩效下滑或对下滑者施以严厉的惩罚。[16]最后，社会革命论的倡导者在这方面也做出了贡献，他们最为诱人的观点之一是，人民之中蕴含着丰富的能量，这是一股受压制的、异己的能量，平时处于休眠状态，只有通过革命才能调动和释放出来。[17]

　　震惊之余，发明者们会扪心自问，松弛的出现到底是福兮祸
所伏，还是塞翁失马？这一问题提出后，一个截然不同的回应措
施就会浮出水面。蓄势待发，"插柳成荫"：松弛具有某种重要的
恢复职能。这是西尔特和马奇的观点。二位曾指出，松弛能使企
业摆脱市场困境，进而迎来柳暗花明。在不景气时期，松弛就像
一支随时应召的预备队：它能降低成本；促使渐趋成熟的革新技
术获得最终采用；使原先敢想而不敢为的富有锐意的推销手段有
了用武之地；等等。在政治制度中，松弛也能发挥类似的作用。
对自己拥有的政治资源一向所用甚少的市民们，最初，对政治学
家们的所作所为既感到惊异又感到失望；而政治学家们也一向认
为，要想使民主制度得以正常地运作，市民们的充分参与是绝对
必要的。可是，人们很快就发现，保持一定程度的冷漠也能形成
某些补充性的优势；它有利于维持政治制度的稳定及运作弹性，
也能为危机中随时可加入"战斗行列"的政治能量提供一个蓄
水池。[18]

　　自人们发明松弛这个概念以来，直接的回应措施无非有两
类：一是宣称某种程度的松弛是合理的；二是求诸某些外力，如
反作用力、不平衡、革命等，以达到消减松弛的目的。两种观点
都把松弛看成一个缺口，是个人、企业和组织的实际绩效与潜在
水平之间的差距。本书在认识松弛的重要性和松弛的普遍性方

面，将向前迈出一大步。我个人认为，松弛不仅来历不明地、以一定的数量与现实世界共存，而且，由于人类具有某种熵特征（entropy characteristic）以及社会在不断地创造剩余，松弛也会与时俱进，被不断地"生产创造"出来。"松弛无时不在"，或许是一条金科玉律。我们所构思的画面是这样的：不论企业和组织赖以运行的社会制度设计得多么完善，它们都具有趋于不断衰退的倾向，这种衰退既可能是持久式的，也可能是间歇式的。也就是说，企业和组织的理性程度会不断下降，效率会不断衰减，创造剩余的能量会不断流失。

这是一个略显偏激的悲观主义结论，因为它把衰退当成一股永恒的力量不断地袭击企业。但否极泰来，回应之道也应该在衰退中产生。原因是，尽管某些部门出现了明显的衰退势头，但是，只要还没有达到无时不有、无处不在的地步，衰减过程本身就有可能激活某些反作用力，使事物走向反面。

作为经济和政治化身的退出与呼吁

在审视这些促进经济复苏的内生变量的性质和力度时，学术界的观点分为两个支脉。这一点在上面已经叙及。退出与呼吁是两个相互参照的分类，二者之间并非绝对相互排斥；但是，如果这种分类不能真实地反映经济与政治之间的根本差异，则两个概念的界限就显得含糊。退出属于经济范畴，呼吁属于政治范畴。当消费者对某企业的产品不尽满意时，他可以改换"门庭"，购买另一家的。这是消费者利用市场来维护自己的福利或改善自己的位势。对相对绩效已见下滑的企业而言，消费者改换"门庭"实际上是通过启动市场力量来促使企业恢复雄风。这是一种促使经济走向繁荣的机制。要么是退出，要么是驻足，界限十分清楚。消费者与企业无须当面对质；企业的生产经营环境虽难以评估或料定，但其成败与否却可以通过一组统计数据*来传递。"无须当面对质"避免了面对面的对抗。消费者改换"门庭"的决策，于不经意之间由"看不见的手"彬彬有礼地向衰退的企业发出了一个扭转颓势的信号，这是一种非直接的交流。而从这些方面看，呼吁则恰恰与退出完全相反。呼吁是一个颇为"散乱"的概念：从喃喃不平的嘀咕一直到狂暴的抗议活动，都是呼吁的表现形式。它是抑扬顿挫、明辨是非的呐喊，而不是在超级市场里"隐蔽"的匿名投票；呼吁直截了当，鲜有迂回。它是一种高素质的政治行为。

经济学家很自然地认为，他所发明的机制极富效率，是唯一值得认真对待的一种设计。M. 弗里德曼（Milton Friedman）在一

---

* 主要指消费者进、退企业的数量变化，准确地说，是通过市场占有率来显示的。——译者注

篇广为人知的论文中曾建议，将市场机制引入公共教育制度中。这篇论文对经济学家的上述偏见给出了一个最好的说明。弗里德曼论文的中心议题是：给适龄学童的家长发放一种专用的优惠券，家长们用这种优惠券从竞争激烈的私人教育机构购买教育产品。弗里德曼是这样判断这种教育计划的合理性的：

> 通过把自己的孩子从一所学校迁出而送往另一所学校，家长们可以远比现在能更直接地表达自己对学校的态度。从通常的情形看，家长们目前只能采用迁移居住地的方式来达到孩子转学的目的。此外，就只能采用繁琐的政治渠道来表达自己的意愿。[19]

在这里，我的兴趣点并不在于讨论弗里德曼的建议具有什么样的优点[20]，而是把它作为一个十分接近的例证，来说明经济学家是如何崇尚退出而排斥呼吁这种偏见的。首先，弗里德曼将"迁出"或退出看成是某人表达自己对某组织不满情绪的直接方式。一个没有受过良好经济学训练的人才有可能天真地建议，表达观点的直接方式就是一吐为快。其次，弗里德曼还将呼吁以及使自己的呼声得以传播的种种努力，轻蔑地视为"采用繁琐的政治渠道"。那么，开拓、利用并有望逐步改善这些渠道的行为难道还不是政治和民主的渐进过程吗？

在人类社会制度的历史长河中，从国家到家庭，不管多么

"繁琐"，每一个成员通常都必须跟呼吁打交道。值得关注的是，在一些大城市里，尽管问题仍然颇为棘手，人们还是正在努力改善公立学校的管理秩序，使之能够对成员的呼声尽快做出反应。分权措施已经被提上了议程，加强成员与管理层之间的沟通以使之不太"繁琐"的措施，也正在公立学校里推行。

不过，对这两个概念的用处存在盲点的还不止经济学家这一个群体。这就是凡勃伦（Veblen）所称的"训练有素而无能"（trained incapacity）。事实上，退出在政治领域所享受的"待遇"还远不及呼吁在经济学中所处的境遇。除了被冠以无效率和"繁琐"的标签以外，政治学家们还将退出打上犯罪的烙印；在政治学家们的脑海里，退出一直背负着流窜、背信弃义和投敌变节的恶名。

显然，双方的期望不应过高，偏见也应当消除。我们应当充分利用这个不可多得的机会看一下，一个典型的市场机制与一个典型的非市场机制（即政治机制）是如何"并肩"发挥作用的。二者或许相互支持，配合默契；或许相互渗透到彼此的作用领域，从而降低各自的效应。

近距离地观察市场与非市场要素之间的交互作用将能够表明，经济分析的某些工具对理解政治现象是大有用途的，反过来说，政治分析工具对理解经济现象也大有裨益。更重要的是，通过对交互作用的分析，我们可以对整个社会运作过程产生一个更为全面的认识，而单独采用经济或政治分析工具是难以达到这个目的的。从这个角度看，这本著作又是《经济发展战略》一书的自然延伸，是该书论点在一个全新领域的应用：

> 在非均衡状态下，单凭市场力量能否使经济恢复均衡？依经济学传统，这好像是经济学家争论不休的一个问题。从目前看，这个问题越发引人入胜。而作为社会学家，我们还必须致力于一个更为宽泛的问题：不均衡的态势是可以单凭市场或非市场力量来校正，还是靠二者共同发挥作用来调整？在不均衡的态势下，市场力量无疑会自动地发挥作用，但我们认为，非市场力量也未必完全被动。[21]

我在这里主要关注均衡扰动及其收益的问题。K. 阿罗（Kenneth Arrow）采用相同的分析方法论证了非理想状态向理想状态的转化过程：

> 我在这里的看法是，当市场未处于理想状态时，社会就能或多或少地感知到这一缺口，非市场性的社会制度就会尽力弥补……这个作用过程未必是完全有意识进行的。[22]

不过，我和阿罗得赶紧补充一句：这并不意味着，只要市场和非市场力量以某种方式结合起来发挥作用，非均衡或非理想状态就会消失；也不意味着，凭此便消除了两种力量相互抵触的可能性。但是，这毕竟为两种力量的结合（或许会结合得还不很充分）留下了空间，而放任自由派（laissez-faire doctrine）和社会干预派（interventionist doctrine）却以摩尼教徒的方式来看待市场和非市场这两种力量；二者相互攻讦，前者认为好，后者说它坏，反之亦然。

最后还要说一点：作为调节经济的两个主角，退出与呼吁，即市场与非市场力量、经济机制与政治机制，就重要程度而言并无高低上下之分，从排名顺序来看也没有伯仲叔季的区别。基于此，随着本书"剧情"的发展，我想使政治学家们相信经济学概念是有用的，想使经济学家们相信政治学概念也有用武之地。经济学家们认为，分析资源稀缺和配置的经济学概念可以用来解释大量的政治现象，如权力、民主、民族主义等。但这种主张只是单边的，在新近的两个学科交叉"作业"时，鲜有互惠。经济学家们相继"侵占"了相邻学科的大片"领土"，而政治学家们却乐得被人"同化"，有时还会主动地迎合"侵略者"，"为虎作伥"。主要原因是政治学家们挎包里的分析工具不过硬：这就像经济学家见了物理学家矮半截儿一样，政治学家们"囊中羞涩"，能亮出的"家伙"比经济学家还少。这也许能使经济学家们将往日的压抑感一扫而空，重新找到荣耀和具有身份的感觉，他们所发明的概念显得那么雍容华贵、光芒四射，于是，经济学家们又恢复了自信。如果这本书能顺便达到这个目的，我将感到十分高兴。

注　释

[1]　在垄断或垄断竞争条件下，企业绩效滑坡既可以表现为成本及价格的相应上涨，也可以表现为质量下降但价格上升。从另一方面看，当企业严格地遵循完全竞争性市场所发出的"指令"时，价格和产量会保持稳定。在这种明显脱离实际的情境中，企业绩效下滑只能以成本上升的方式表现出来，但如果价格和质量保持不变，成本上升将直接导致企业净收益下降。那么，在完全竞争的条件下，管理者就只能从企业内部的财务数据上了解企业绩效下滑的态势，而消费者对此一无所知，当然也不会发挥什么调节作用。但上述现象在完全竞争模型中毫无插足之地，这也许是经济学家们长期以来对此未予关注的原因。

[2]　请参考约翰·赫里尔·克鲁克（John Hurrell Crook）主编的《动物与人类的社会行为》中的"灵长类的社会生态学"一节（由伦敦学术出版社出版）。本书所援引的段落综合了汉斯·库默尔（Hans Kummer）的研究成果——"北非狒狒的社会组织"，见于《灵长类藏书》（*Bibiotheca Primatologica*），第六卷（Besle：S.Karger, 1968）。

[3]　Chicago：University of Chicago Press, 1966, I, p.277, pp.278—279.

[4]　见 Luis Eduardo Nieto Artetn, *El Café en la sociedad Colomban*, Bogotá：Breviarios de orientación colombiana, 1958, pp.34—35。这是作者的遗作，写于 1947 年；一年后，国内爆发了野蛮的骚乱，史称"la violencia"。这一历史背景与斯图尔特的判断完全相同：在拿破仑政权问世前不久，斯图尔特曾宣称，专制主义一定要退出历史舞台的。

[5]　在阿比西尼亚幸福谷寓言故事中，S. 约翰生（Samuel Johnson）曾委婉地提到这种思想。当拉赛拉斯（Rasselas）王子第一次描述他

对天堂般峡谷的不满情绪时，把他的所处的境况比喻为一只在山谷中吃草的山羊。他是这样说的："人类与其他生灵间的区别是什么？就肉体方面的需求而言，我与漫游在身边的山羊并没有什么区别；山羊饿了啃食青草，渴了饱饮溪水，于是，饥渴感便会消失，它获得了满足，酣然卧睡。醒来后饥渴来袭，它重又吃草、喝水，再静卧。我和它一样，也或饥或渴，但填饱肚子后，并非择地而卧。当饥渴袭来时，我也感到难受，这是我和它的相同之处；但填饱肚子后，我并不感到满足，这是我和它的区别。"[*]（参见 Samuel Johnson, *Rasselas*, 第二卷。）

[6]　H.A.Simon, "A Behavioral Model of Rational Choice", *Quarterly Journal of Economics*, 69: pp.98—118, 1952. 此外，西北大学的商务调查局（Bureau of Business Research, Northwestern University）于 1933 年发表了塞克里斯特（Horace Secrist）的著作，题为"平庸之才在经营中的胜利"（*The Triumph of Mediocrity in Business*）；这是另一部与上述论题有关的实证性的研究，由于发表时间较早，已被人们全然忘记。这本书从统计学的角度详细地论证了下列命题：从总体上看，过了一段时间后，高绩效的企业有衰减的趋势，而初始绩效较低的企业会出现上升的迹象。

[7]　参见 Richard M.Cyert and James G.March, *Behavioral Theory of the Firm*, Englewood Cliffs, N.J.: Prentice-Hall, Inc., 1963。

[8]　G.S.Becker, "Irrational Behavior and Economic Theory", *Journal of Political Economy*, 52: pp.1—13, February 1962.

[9]　Harvey Leibenstein, "Allocative Efficiency Versus X-Efficiency",

---

[*]　S. 约翰生作品的英文全称是 *The History of Rasselas*, *Prince of Abissinia*。中文有多个译本：水天同：《王子出游记》，甘肃人民出版社 1988 年版；上海译文出版社 2021 年版；陈西军：《追寻幸福——拉赛拉斯王子漫游人生记》，译林出版社 2012 年版；蔡田明：《幸福谷——拉赛拉斯王子的故事》，国际文化出版公司 2006 年版；王增澄：《拉塞拉斯：一个阿比西尼亚王子的故事》，辽宁教育出版社 2000 年版。——译者注

American Economic Review，56：pp.392—415, June 1966.

[10] M.M.Postan, "A Plague of Economists？" *Encounter*, January 1968, p.44.

[11] New Haven：Yale University Press, 1958, p.5.

[12] "Economic Development, Research and Development, Policy Making：Some Converging Views", *Behavioral Science*, 7：pp.211—212, April 1962.

[13] 参见 H.Leibenstein, "Allocative Efficiency Versus X-Efficiency"。

[14] Charles P.Bonini, "Simulation of Information and Decision Systems in the Firm", unpublished dissertation, Carnegie Institute of Technology, 1962.

[15] Nathan Rosenberg, "The Direction of Technological Changes：Inducement Mechanisms and Focusing Devices", *Economic Development and Cultural Change*, 18, October 1969.

[16] Hirschman, *Strategy*, Chapters 5—8.

[17] 例如，参见 Paul Bafan, *The Political Economy of Growth*, New York：Monthly Review Press, 1957。

[18] 参阅本书第三章第一部分。

[19] 参见 A. 索洛（A.Solo）主编的《经济学与公共利益》（*Economics and Public Interest*）一书中的《政府在教育制度中的作用》（"The Role of Government in Education"）一文，New Brunswick, N.J.：Rutgers University Press, 1955, p.129。经修改后这篇论文又被弗里德曼收入自己的文集中——《资本主义与自由精神》（*Capitalism and Freedom*），Chicago：University of Chicago Press, 1962。本节原封不动地引自该文集第六章，第 91 页。最后一句的斜体是我加的。

[20] 亨利·M.莱文（Henry M.Levin）在题为"公立学校败北与自由市场修正"（"The Failure of the Public Schools and the Free Market

Remedy"）的论文中，很好地讨论了这个问题。见 *The Urban Review*, 2：pp.32—37, June 1968。

[21] 参见 Hirschman, *The Strategy of Economic Development*, p.63。原文为斜体字。

[22] 参见 "Uncertainty and the Welfare Economics of Medical Care", *American Economic Review*, 53：p.947, December 1963。

第二章

退　出

　　消费者拥有退出选择权并经常付诸实施，是一般性竞争（指不完全竞争）的基本特征。在这种竞争环境中，企业虽有竞争对手，但仍能在一定范围内决定产品价格和产品质量。当企业以产品质量制定者的身份出现时，它同时也蜕变为产品质量的损害者（quality spoiler）。前面已经提及，众人拥有退出选择权具有独特的威慑力：慵懒懈怠则亏损（亏损将引发退出），退出则有望诱逼管理者"屏气凝神"朝乾夕惕，与 S. 约翰生所归因的断头之忧相类似。

　　我们锲而不舍地查阅了大量有关竞争的文献，所得到的资料虽然支离破碎，但从总体上看，退出选择的精确操作线路问题还一直没有受到人们的关注。[1] 多数作者浅尝辄止，只是泛泛地提到了竞争的"压力"和"约束"。

　　就我们所能接触到的且令人不无遗憾的史料来看，令人深为震惊的是，"自由企业制度"（free enterprise system）的精髓之一却被漏掉了。至于被漏掉的原由，目前已经有了一些说法。为竞争极富活力大唱赞歌的人勉勉强强地退让了半步，认为在某一具体时点上，这个制度本身也许还难以使企业回升到巅峰状态；如果这种情况真的在某个企业发生了，那也必须得假定，该企业已经"病入膏肓"并做好了退出"历史舞台"的准备，而新的富有活力的市场进入者正在"舞台"侧畔恭候，随时准备乘虚而入。加尔布雷思（John K.Galbraith）曾不无揶揄地指出："有一种观点把美国的经济比作一个生物循环过程，老化的、身心衰竭的企业不断地消亡，而年轻的、充满活力的企业则不断地填补这个空间。"[2] 但是，这种观点并没有回答，竞争到底如何"医治"那些短期的、可恢复性的衰减，而这正是我这本书里所要强调的重要问题。看来，竞争企业制度的崇拜者们在急不可耐、不惜笔墨地为自己辩护时，却漏掉了他们自己极为推崇的一个重要观点。

另一方面，技术经济文献长期以来关注的主要问题是，在静态框架中，满足了什么样的条件，竞争性的市场结构才能（或不能）实现有效的资源配置。人们还深入地探讨了竞争激发创新和促进发展的能力，这是将竞争放在非静态框架中来考察，尽管结论还不十分明晰。然而，就我目前所知，还没有哪个人或是系统地或是零碎地，或是从理论上或是从实证上，对竞争修复能力的课题做过研究。所谓竞争修复能力指的是，企业历经衰减后在竞争的作用下回归到"常态"效率、绩效以及增长水平的能力。[3]

退出选择如何运作

显然，应该弄清其中所含的概念元素。首先是相似的需求函数发生了变化，区别在于消费者的购买数量取决于产品质量的变化而非取决于价格变动。当我们考虑价格变动对需求数量的影响时，通常是假定产品质量保持不变；反过来，当产品质量下降时，我们也同样假定价格并未发生变化。如果产品质量下降是由随机的效率衰减引起的，则产品成本就不会发生变动，而蓄意降低产品质量，则成本就会相应下降。在这样的条件下，消费者因产品质量下降而选择退出的话，企业的销售额就会下降。当然，当产品质量的下降幅度既定时，选择退出的消费者越多，企业所蒙受的经济损失就越大。当企业提高产品价格时，即使有些消费者选择退出，企业的总销售额也会相应地增长，利润充其量能维持在原有的水平，但随着产品质量的下降，利润通常也会缓慢地下跌。[4]

其次，管理者的应对函数（reaction function）会相应地发挥作用。所谓应对函数，是指随着销售额的下降，产品质量将会获得改进。因为当管理层看到消费者有"开小差"的现象时，总要采取一些修补措施。以下三种不连续的函数或许是将这种关系加以具体化的最简单的方式。一是销售收入稍许下降，管理层听之任之，不采取任何行动。二是销售收入中幅度下降，经采取措施后，企业全面恢复元气。三是下降幅度过大，采取修复措施已于事无补。因为降幅超过某一点之后，企业已被亏损折磨得虚弱不堪，以致修复措施还未发挥作用时企业便已经破产了。[5]

现在我们来谈谈退出函数（exit function）与应对函数之间的交互作用关系。即使产品质量下降，它的下降幅度也不要超过可修复的界限，这是一种比较合人心意的状态。显然，如果需求相对于质量变动高度无弹性*，则销售收入的下降幅度就不会很明显，企业对产量质量下降也将毫无感知。但是，如果需求相对于质量变动有弹性，则修复过程就难以进行。原因是，这一次，企业还没来得及找到问题的症结，来不及采取较多应对措施时便被淘汰出局。这种情形是"山雨狂泻，迅雷不及掩耳"。因此，要想使企业的修复潜能得以发挥作用，需求相对于质量变动的弹性既不能太高，也不能太低。这个非常直观的命题还可以表述如下：想要使竞争（退出）作为一种企业绩效衰减的恢复机制发挥作用，最理想的组合状态是，有的消费者"动如脱兔"，有的消费者却"静若处子"。"动如脱兔"的消费者给企业提供了一个反馈，催逼企业迅速采取修复措施；而"静若处子"的消费者

---

* 在经济学上，将需求质量弹性系数大于 0 小于 1 定义为无弹性。高度无弹性是指该系数略大于 0 但远远小于 1，这指的是，即使产品质量发生了变动，市场需求量也不会受到很大影响。——译者注

则为企业采取修复措施提供了缓冲余地，使之撒一分汗水，多一份收成。当然，从传统的观点看，消费者退出得越快，竞争性市场才运作得越好。当把竞争看作一种恢复机制时，尽管有些消费者及时退出是必要的，因为只有这样才能催发恢复机制尽早发挥作用，但是，有些消费者对产品质量下降处于不甚了然或不受干扰的状态，也是十分重要的。如果所有的人都是"消费者报告"（consumer reports）的忠实读者，所有的消费者都坚持货比三家的态度，则企业就会丧失从偶尔的衰减中恢复元气的机会，发展上的大起大落也许会不期而至。

　　前面已经提过，即使在完全竞争的条件下（消费者拥有完备的市场消费信息，也是其中的一个严格假定），企业也仍然具有启动恢复机制的能力。原因是，即使绩效衰减并未影响产品的质量或价格，但利润降低（如由于成本上升）仍可将衰减迹象直接凸显出来。不过，如果稍稍偏离一下完全竞争模型的严格假定，给企业变动产品质量留下一点儿余地，那么，产品质量下滑就成为绩效衰减的直接表现形式（这是极有可能的）；这时，如果假定产品的销售市场具有完全竞争的特征，其言下之意是，消费者拥有完备的市场消费信息，则产品质量下滑的企业很快就会被驱逐出去。换言之，从恢复机制能有效发挥作用的角度看，完全竞争式的格局是可行的，而准完全竞争却行不通。如果某人放弃企业无论如何都不能变动产品质量的假定，而且，在现实条件下也必须放弃这一假定，则完全竞争条件下的选择就不是一种最优的安排，向完全竞争状态逼近也未必能提高效率。在这里，倒是次优选择的观点占有绝对优势。

串谋式竞争

如果企业在失去老主顾的同时能招徕新顾客，则无论需求质量弹性强弱，企业都不会因消费者的退出而蒙受收入损失。但是，企业产品质量下降，谁还买这些产品呢？你可以设身处地地想象这样一幅画面，它看上去虽然离谱但却真的发生了：在某一行业，所有企业的产品质量都同时按相同的幅度下降，鉴于此，愤而不满的顾客就会做出退出与重新进入的选择，于是，有的企业失去了一些老主顾，但却迎来了一批新客户。在这种情形下，退出选择就不会对管理者起到预警作用，因此，从全社会的角度看，行业大联合或许是一种更合意的安排。联合即垄断，但以垄断取代竞争未必是一件坏事。原因是，在垄断的条件下，消费者可以直接宣泄不满情绪，这或许能在一定程度上敦促垄断组织改进工作。而在完全竞争条件下，愤懑的消费者却只能在不同的绩效衰减的企业间"飞来滑去"，不能给任一家企业提供绩效衰退的信息，于事无补。

　　某行业所有企业的绩效都同时按相同的速率下滑，显然是不大可能的，因此，还要做一些"微调"，以使之逼近现实，具有相关性。失败是成功之母，产品瑕疵及其毒副作用却为一种更具竞争力的新产品问世提供了可能。在这种情形下，相互竞争的厂商为了获得补偿，极有可能纷纷为瑕疵依旧的产品换一个商标，既有利于长时间地检测消费者的口味，也有利于舒缓现有的压力，为产品的切实改进提供余地。这种格局中的竞争对厂商来说可谓一箭双雕：一是化解了消费者的抱怨；二是腾出身手，寻找由竞争挤压出来的而实际上并不存在的好产品。在此类情形中，维护而不是削弱竞争将更符合厂商们的共同利益；为达此目的，甚至可以求诸某种串谋行为。[6]

　　迄今为止的论述赖以成立的前提条件是：竞争使企业反求诸己，而由此所产生的压力及寻找答案的过程，又使产品瑕疵得以消除。即使抽掉这个前提，竞争的"答卷"恐怕仍不如垄断（即由一个厂商组织生产）来得干净利落。因为在竞争状态中，企业众多，常使消费者产生"这山不如那山高"的幻觉，就是说，如果购买其他企业的产品或许能避免现有产品的瑕疵。而在垄断条件下，消费者将能够忍受那些在所难免的瑕疵，能够"苦"中寻乐，而不会痴迷地寻求那原本并不存在的"好"产品。

　　我们是否可以在现实的经济和商业生活中捕捉到上述画面的影子，这一点应由读者们自己来判断。[7] 接下来，我要做几点评论，但主要与前面提到的组织概念有关，而不是单指企业。基本要点是：竞争也许只能引致消费者在相互竞争的企业间"飞来滑去"；从这一点上看，竞争和产品多元化既使企业分心费神，也是极大的浪费，特别是当产品改进可望而不可即时，消费者要么是给管理者带来了实实在在的压力，要么是枉费力气后，停止了对所谓"合意"产品的追求。以下的论述将清楚地显示，竞争性的政治体制通常也是按这种方式来运作的。主张社会党派制度保持稳定的批评家们对执政党间的竞争从来都不以为然，认为这种竞争拿不出什么像样的"货色"来。那么，取消政党竞争制度是否就意味着市民们能更好地推进基础性的社会和政治改革呢（出于讨论上的便利，我们姑且假定此类改革是符合历史潮流的）？这显然还是一个悬而未决的问题。不过，这种激进的批评在有一点上是正确的：竞争性政治制度在抚慰民情方面具有巨大的能量，它可以将能掀起革命性巨浪的愤怒情绪化解为对执政者的喃喃不满。这种能量通常是一笔了不起的资源，但是不难想象，在某些情形下它也可能成为一种负担。

美国工会运动的历史发展过程可以为以上讨论提供一个稍许真实的例证。美国产业组织协会（Congress of Industrial Organizations，简称 CIO）和美国劳工联盟（American Federation of Labor，简称 AFL）于 1955 年正式合并；在正式合并的前两年，作为过渡性措施，两个组织间签订了"无冲突协议"（No-

Raiding Agreement)。协议囊括了两个组织在谈判过程中各自诉求的全部统计资料，尔后由二者提交给"全国劳工关系委员会"(National Labor Relations Board) 批准，以便合并后成为产业组织谈判的合法代理人。从中可以看出，双方的诉求多数以失败而告终，只有那些在二者之间既相互取代又平分秋色的诉求才获得了两家的认可。该报告坦陈，从事后的结果看，我们"不得不承认这样的结论：两家的冲突既损害了与之有直接联系的工会组织的利益，也破坏了整个工会组织的运动"[8]。之所以得出这样的结论——据有关文件记载，是因为这些冲突无论达到目的与否，工人们的稳定团结局面都受到了很大的冲击；人们所乐于见到的局面是，工会运动能把着眼点放在非工会成员的组织上，而不是引发矛盾和导致冲突。这个结论隐含着一个基本判断：退出—竞争模型（exit-competition）在诱导效率提升方面或许具有一定的优势，但两相权衡，弊端更大。因此，另一种机制——呼吁——能使优势失而复得，或许能更好地发挥作用。现在是仔细审视这一假定的时候了。

注　释

[1]　这个调查是由 D.S. 弗伦奇（David S.French）完成的。

[2] John Kenneth Galbraith，*American Capitalism*：*The Concept of Countervailing Power*，Boston：Houghton Mifflin Co.，1956，p.36.

[3] J.M. 克拉克（John Maurice Clark）对竞争所能执行的多种功能有最深切的感受。他曾经说："在亏损还未耗尽企业资源、颓势还有望扭转时，另一个理想的状态是，竞争能使企业有所警觉并及早剔除产出过程中的非效率因素。"参见 J.M. 克拉克：《作为动态过程的竞争》（*Competition as a Dynamic Process*），第四章，"我们指望竞争为我们做点儿什么"（What Do We Want Competition Do for Us），p.81。克拉克比较详细地论述了竞争的十大功能。但令人奇怪的是，他并没有触及衰减的企业应如何恢复这个问题。上面援引的这段话，克拉克只是在一节题为"无效率因素的剔除"（"Elimination of Inefficient Elements"）的末尾处顺便提了一下，那一节主要论述了"竞争所致的不爽服务"这个问题，认为衰减的企业应予清算，而不是使之恢复繁荣。

[4] 如果令坐标纵轴代表产品质量的下降幅度而不是代表价格上升，再作一条我们熟悉的向下倾斜的需求曲线，这样，市场需求量和销售收入对质量变动的感应程度就可以通过图形表达出来。我在附录 A 图 A.1 中描绘了这个情形；图 A.1 的下半部分显示了质量下降对销售收入的影响程度。该图形清楚地表明，产品质量下降，需求量就会下降，不过，它对总收入的影响程度要远比价格上升简单得多，但对企业的损害却更大。在产品质量下降的情况下，只要需求质量弹性（quality-elasticity of demand）大于 0，总收入就必然会下降；而在价格上升的情况下，只有当需求价格弹性（price elasticity of demand）大于单位 1 时，总收入才会下降（在质量弹性中，需求弹性为单位 1 并不具有精确的含义。需求质量弹性概念的形成原理与价格弹性基本相同，是由两个分别代表质量和货币的测量单位相除而形成的。因此，除了 0 和无穷大以外，其他数值都含有随意测度的属性）。

[5] 以非连续的应对曲线来思考这个问题也许更容易。销售额降幅较小时，修复动作也比较小，而后修复动作加大，其后又变小。我们甚至可以想象，采取修复措施后，企业的产品质量甚至比原来的还好。这是一种较为"理想的"质量衰减状态。再后来，当销售收入的下降幅度超过某一限度之后，在风气败坏及财务吃紧等其他因素的共同作用下，产品质量日渐下滑，应对措施须不断地强化，这反而加速了企业衰落的过程。此类非连续的应对函数对正文中的论述并无实质影响。

[6] 如果消费者斤斤计较，若退出无门便会给厂商制造大量麻烦的话，则情形尤其如此。这样，竞争机制就可以为管理者摆脱潜在的麻烦制造者提供便利条件。后面还会更详尽地阐述这个问题。

[7] 为了帮助读者判断这个问题，我在此提供一个例证，是"柠檬"*车主们奋笔投书的一些片断。（1）在给福特汽车公司信中，"……不论你在给我的例行信件中说得多么委婉动听，你放心好了，我再也不会购买任何品牌的福特汽车……""……不必多说了，'猎鹰'是我要买的最后一辆福特汽车公司的产品。我是一个25岁的姑娘，还有几分魅力；为了买一辆'猎鹰'我已囊空如洗，现在回头看看，当时要买别的车也许更值得……"（2）在给通用汽车公司的信中，"……我们家里有雪佛兰面包车，还有雪佛兰货车，但麻烦太多，也不方便，还浪费时间，我再也不买通用汽车公司的产品了……""……好多年来，我家里一直有通用的轿车，通用公司的货车，但现在看，买福特的也许是个好主意；我先将就几年，等70型新产品推出后，你就再也看不到我驾驶通用的汽车了……"

以上片断摘自车主们寄给 R. 纳德（Ralph Nader）的信；纳德非常友好地允许我做了一些摘录。

---

* 西语中，指残次品或水货。——译者注

[8] 见 American Federation of Labor and Congress of Industrial Organizations, *Constitution of the AFL-CIO*, Washington D.C., January 1956, AFI-CIO Publication No.2, p.36。感谢 J. 邓洛普（John Dunlop）向我提供了这些参考资料并与我讨论这个问题。

第三章

呼　吁

　　尽管经济学家从未仔细地"端详"过退出选择，但它是客观存在的，对经济绩效也有影响，而且，人们通常假定它是有益的。这些，是人们评判经济制度的基石。至于呼吁选择，人们却从未谈及。呼吁作为另一种恢复机制，或与退出一并发挥作用，或干脆取代退出。想法不错，但很可能既令人震惊，也令人怀疑。有一点是显而易见的：这是一个投诉的年代，愤懑的消费者（或某组织的会员）可以径自找到管理层"大闹一场"，从而迫使渎职者改进产品或相关服务的质量，而大可不必像过去那样"改换门庭"，做出退出选择。因此，审视一下具备什么样的条件，呼吁选择——或是作为退出的补充，或是干脆取代它——才能真正登台亮相。现在讨论这个问题既合情理，又合时宜。

　　所谓求诸呼吁而不是选择退出，是指消费者或会员为修正企业或组织的惯例、政策或产出所做的种种尝试或努力。当企业的产品或组织的服务难以令人满意时，任何试图改变这种状况而不是逃逸的措施，都符合呼吁的基本定义。呼吁的表达方式很多：

既可以单人投诉，也可以群体请愿；既可以向直接领导诉求，也可以越级上访以纠正其下属部门的管理疏漏；既可以组织不同类型的团体抗议活动，也可以发动公众舆论实施"总围剿"。

一如我在导言中指出的那样，呼吁，有时亦称为"利益诉求"（interest articulation）[1]，不过是政治制度的一个功能和基础性构件。政治学家们长期以来一直与这个功能及其不同的表达形式打交道。不过，政治学家们通常是把注意力局限在怎样才能"化干戈为玉帛"，化呼吁为沉默*；而经济学家们则认为，愤懑的消费者要么是默不作声，一如既往地保持对企业的忠诚，要么是即刻作别，投向其他企业的"怀抱"。这为本书的讨论留下了一个空间。我"叩其两端，执中为用"：答案介于"诉求与逃逸"（articulation and desertion）之间，用一个中性术语表达，就是"呼吁与退出"。

通过与退出的比较，我先单独谈谈呼吁的运作方式问题。和以前一样，我们的初始假定是企业或组织的绩效出现衰减，但管理者如果能给予充分的关注，则这种衰减是可以恢复的。当衰减迹象显露时，如果消费者或会员采用呼吁而不是退出的方式来表

---

* 即怎样才能既平抚抗议者的诉求，使之恢复沉默，同时，还能避免他们做出退出选择。另外，原文中出现"aquiescence"一词，查无此字，疑为印刷错误，当理解为"a quiescence"。——译者注
"aquiescence"确系印刷错误，正确的拼写为"aqcuiescence"。原译稿译意虽大体不错，但不过是一种巧合。感谢大连化物所的冯埃生先生为我匡正了这一讹误。——译者（再译说明）

达自己的愤懑，则呼声愈高，呼吁的作用便愈明显。但与退出一样，呼吁也可能过犹不及：如果消费者或会员呼声过高，令人心烦意乱，则抗议行为不仅于事无补，反而会阻碍恢复手段的实施。原因随即自明。这种关系在消费者与企业之间是不大可能发生的。但在政治领域，很可能是"嗓门儿"越怪异，"音域"越宽，下情上达的可能性就越低，适得其反的可能性就越大。

经济学之于退出与政治学之于呼吁在这里表现出了惊人的相似性。在经济学领域，人们过去一直认为，需求弹性越大（即衰减一经发生，消费者便纷纷撤退），经济体系将会运作得越好；政治领域也是如此，长期以来也一直坚信，民主制度的健康运作离不开人民大众的敏锐嗅觉、主动参与和大声呼吁。在美国，一项关于人们投票和政治行为的实证研究表明，长期以来，有相当一部分市民对政治性事务漠不关心、麻木不仁；这项结论动摇了政治学家的上述信念。[2] 尽管市民们反应冷淡，但民主制度仍能延续下去。这说明，市民们的政治实践活动与民主制度之间的关系远不像人们过去所认为得那样简单。市民们百分之百持久地参与或全然远离政治都不是一种理想选择；倒是与退出情形相仿，敏锐与迟钝者相结合*，或介入（involvement）与撤出（withdrawal）相轮回，反而能更好地促进民主制度的运作。R. 达

---

* 呼吁条件下的"敏锐"与"迟钝"，分别对应退出状态中的"动如脱兔"和"静若处子"。——译者注

尔（Robert Dahl）曾强调，市民们之所以未充分地利用他们手中的政治资源，是因为他们要留有一定的储备，当其切身利益受到直接威胁时，才将这些闲而备用的资源动员起来，如火山爆发般地发挥威力。[3] 从另一个逻辑思路看，民主政治制度还离不开"显性矛盾调和"（blending of apparent contradictions）机制：一方面，市民们必须发表他们的看法，以便政治精英们能知其所想、明其所需；而另一方面，政治精英们还必须拥有决策权。市民们对这些决策既要认同，还要有影响力。[4]

从本质上看，该文的推理与我前文所述的退出应当在一定范围内发挥作用，是极为相似的。呼吁使企业或组织体察到自己的经营过失，具有提示作用，但是，不论在企业里供职多久，管理者要想对此做出回应都离不开一定的缓冲时间。

最后，呼吁与组织绩效改进之间的关系与退出的作用方式具有很大的相似性。但是这并不意味着，退出与呼吁在初始阶段总是具有积极的促进作用，后来却走向了反面。对一个具体的企业或组织及其绩效衰减而言，要么是退出居于主导地位，要么是呼吁居于主导地位。而居于辅助地位的机制，"人微言轻"，并不足以发挥破坏性的作用。原因很简单，如果衰减的势头未被遏止，则居于主导地位的机制就会单枪匹马地从中"捣乱"。例如在竞争性行业中，退出是抵御衰减的主要机制，呼吁居于从属地位，甚至微不足道，我们很难想象人们会过多地求助于呼吁机制解决问题。

呼吁是退出的余韵

当退出机制可望而不可即时，呼吁便成为消费者或会员宣泄愤怒情绪的唯一选择。这与家庭、政府、教会等社会基本组织的情形十分接近。在经济学领域，理论上所构想的完全垄断条件就没有为消费者留下退出的余地。现实生活中的市场结构兼具垄断与竞争的特征，为我们研究呼吁与退出的交互作用提供了可能。

让我们仍以产品质量滑坡与销售额下降的简单关系为例，但目光却紧盯着那些未选择退出的消费者。当消费者还未准备离开企业时，他们很可能要或多或少地品尝一下产品质量下降的痛苦。不满便可以抱怨，这是消费者的权利，也是呼吁赖以产生的一个源头。当然，呼吁与否还取决于消费者的不满程度，而不满程度大体上取决于产品质量下降的幅度。

那么，我们大体上可以把呼吁看成是退出的余韵。未选择退出的消费者是呼吁的化身，它与退出一样，要取决于需求质量弹性。但是，二者关系的作用方向却完全相反：当呼吁的潜在势能既定时，实际呼声的高低要看需求质量弹性的大小，也可以说，要看退出机会的有无。[5]

从这个角度看，随着退出几率的下降，呼吁的作用将不断增强，当消费者的退出之路完全被切断时，警示管理者经营出现过失的全部责任就落在了呼吁机制的"肩头"。退出与呼吁之间的关系就像一块运动中的跷跷板；苏联报刊多年以来所公布的有关产品和服务质量方面的大量投诉，就是这种跷跷板关系可以成立的一个佐证。与西方的市场经济相比，苏联经济不存在竞争，消费者没有退出选择，退出机制基本不发挥作用，因而，呼吁发挥较大的作用就显得十分必要。

同理可证，相对于发达国家而言，呼吁机制在发展中国家就占有更重要的地位。因为在发展中国家，消费者的选择余地很小，譬如，消费品种类不全，同一品种不同款式的商品不多，去往相同景点的旅游线路较少，等等。因此，因产品和服务质量问题而引发的喧嚣，甚至带有政治色彩的抗议活动，便成为困扰发展中国家的问题之一；而在发达国家，消费者不满意就可以悄悄地退出去，所以，此类抗议较少。

现在我们来看一下应对函数。这里所称的应对函数是指，对听到呼声的管理者而言，呼吁对于效率恢复到底具有怎样的作用；这里，我们假定退出选择居于主导回应地位。在初步评估退出与呼吁的综合影响效应时，我们先排除呼吁具有负面影响作用的可能性。显然，单凭销量下降以及"坚守阵地"消费者的投诉与抗议，还不足以生成全局性的恢复效应。[6] 抗议倾向（propensity to protests）与投诉效果的扰动幅度很大，这要视企业与消费者之间的组合关系而定。尽管如此，我们还是可以归纳出以下三个概述：

（1）迄今为止，在这个简单模型中，呼吁是作为退出的补充角色发挥作用的，而不是以它替代退出。满足了这些条件，不论它以什么样的方式表达出来，对促进恢复机制发挥作用而言，都是得大于失、利大于弊。[7]

（2）呼吁的效应越强（当退出的效应给定时），需求质量系数越缺乏弹性，由呼吁和退出所激发的恢复机制受到削弱的可能性就越低。

（3）鉴于超过某点之后，退出将具有破坏性作用，为使退出与呼吁的综合效应在整个衰退过程中都保持最大化状态，二者间的组合应根据初期衰退程度而定，要有一定的灵活性；而在衰退后期，二者组合方式的刚性则比较大。长期以来人们一直认为，消费者对某类商品价格的反应具有这样一种特征：价格较高时，购买量虽有限，但消费者却非买不可；如果在这个基础上降低价格，则销量就会激增。这个道理也许同样适用于需求质量弹性，尤其是某类衰减产品除了寻找一个高价"替身"便别无选择时。当然，随着产品质量的恶化，市场需求终将荡然无存（例如，若产品价格无限上涨，人人囊中羞涩，需求将趋近于零）。但是，在整个质量下降过程中，很多产品或服务的需求质量系数由有弹性向无弹性滑动，却是完全可能的。退出选择也许能进一步凸显这个道理，其原由将在第四章详细论述。

替代退出的呼吁 [8]

到现在为止，我们对呼吁的论述还多少显得有些忸怩，还一直把这个新概念视为亚于退出的"二等公民"。在判断由需求质量弹性所决定的呼吁"音量"的高低时，人们含蓄地假定，在产品质量下降时，消费者首先想到的是，要不要换一家企业或换一种产品，而不是有无影响企业生产经营行为的能力；只有当他们决定与企业相"厮守"时，才可能对产品质量大惊小怪。如果以这种方式考虑问题，一个显而易见的结论就会跃然纸上：退出与否通常要根据呼吁的潜在效应来决定。如果消费者认定呼吁能产生较好的效果，那么，他们就有可能延缓退出。因此，需求质量弹性（也可以说是退出）要取决于消费者是否具有选择呼吁的能力和意愿。实际上，一个更恰当的表述方式也许是：如果衰减过程的暴露像吃香蕉一样必须一截儿一截儿地剥开的话，那么，早期阶段选用呼吁的可能性就会大大提高。一旦选择了退出，呼吁的机会便不复存在，而呼吁无效并不影响退出。因此，在某些情形中，退出将是呼吁无效后所能选用的最后一件武器。

因此，呼吁既可以置换退出，也可以是退出的补充。那么，满足了什么样的条件，人们才会优先选用呼吁手段呢？出于准确，这个问题可以这样表述：消费者原先买产品 A，但产品 A 的质量已经下降；如果现在能以相同的价格推出产品 B，或直接与产品 A 竞争，或干脆替代产品 A，则从购买产品 A 的消费者的角度看，购买产品 B 显然是上乘选择。那么，问题就转化为，是哪些条件阻碍了消费者弃 A 从 B 呢？

一旦将呼吁看成是退出的替身，那么，就应当进一步拓宽它的内容或含义。A 的质量已经下降，而 B 略逊于 A，一部分消费者（未必是全部）之所以流连未去（或组织绩效衰减但会员并未选择退出），或许是因为他们期望或深信，产品 A 的质量能够恢复往日的雄威。一般地说，消费者或会员宁愿忍受不便也要与 A "捆" 在一起，是因为在他看来还能够为 A "做点儿事情"，而要想为 A "做点儿事情" 或发挥自己的影响力，就不能退出原企业或组织。不过，也有一部分消费者（或会员）并未见异思迁，因为在他们看来，投诉、抗议，再加上爱思专一，是能够取得最后胜利的。有些人轻易地弃 A 从 B，这是以退为进，旋即还会选择 A，因为与 B 为伍毕竟存在诸多不便。最后，还有一部分人仅仅是出于 "忠诚"（loyalty）而不肯放弃 A，这种方式虽有欠理性思考，但还远不是完全失去理智。[9] 这些 "忠诚者" 多半会积极采取行动，推出种种方案力图改变 A 的策略和惯例；有一部分忠诚者默默地忍受痛苦，一味地拒绝退出，但却深信 "黎明" 就在眼前。因此，呼吁选择的覆盖面特别广，囊括了在企业内部尝试变革的种种诉求活动与领导方式。不过，它总是涉及是否与衰减企业或组织相"厮守"的决策；这种决策赖以形成的基础是：

（1）对企业或组织使 A 复原的可能性的估量，这项工作既可以自己干，也可以借助于外力。

（2）依据复原的可能性，且出于多方面的考虑，来判断一下即刻购买伸手可及的产品 B 是否划得来。

这种观点表明，以 B 替代 A 是求诸呼吁与否决策时的一个重要因素，但也仅仅是诸多因素之一而已。从目前看，B 的质量优于 A，但如果 A 的质量以前曾比 B 高出一大截儿，则消费者拒绝 B 就是正常的，做出呼吁选择也在情理之中。如果 A 与 B 的质量难分伯仲，那么，这种情形就很难发生。不过，当 A 和 B 难分伯仲几乎完全可以相互替代时，呼吁与否将取决于两个因素：一是消费者是否愿意选择呼吁碰碰运气，因为相比较而言，退出选择的后果是明确的；二是呼吁后产品 A 获得改进的概率。这时的呼吁既可以由某君单枪匹马地干，也可能由某君与他人一起采取行动，或某君并不介入，完全由他人干。

E. 班菲尔德（Edward Banfield）在《政治的影响》一书中，提出了一个与此有联系的观点；比较一下我俩的思路很有助益。E. 班菲尔德指出："利害攸关方是否使足力气把争讼摆到决策者的面前，要取决于两个因素：一是结局对它有多少好处，二是它能影响决策的概率。二者的乘积与提起争讼与否成正比。"[10]

班菲尔德定律来自两项研究：一是美国大城市的公共决策过

程，二是决策过程中各类群体及个人的参与率。与多数政治学家将焦点集中于"利益诉求"（articulation of interests）函数一样，班菲尔德也分析了个人与团体面临积极介入和消极退避的抉择时，到底做出了怎样的回应。我在上面所展示的模型比较复杂。原因是，即使替代品是伸手可及的，模型也仍然允许消费者做出退出抉择。班菲尔德模型准确无误地表述了呼吁选择的收益。[11] 但就我们的研究目的看，还应当引入呼吁的成本，即迄今为止所认为的因放弃退出选择而失去的东西。事实上，除了这个机会成本外，还必须考虑呼吁的直接成本。因为消费者或会员在试图改变企业或组织的经营政策与惯例时，还必须付出时间和货币。如果选用退出方式从市场上购买其他产品，其成本也许远不至于这么高。当然啦，改换门庭也有成本，比如，未始终如一（即忠诚）地消费某产品便失去了打折的优惠，寻找某种替代品以便"转舵"，也必须支付搜寻信息的费用。[12]

　　因此，与退出相比，呼吁的成本并不低，它要取决于消费者或会员对企业或组织实施呼吁的影响力以及讨价还价的能力。这两个特点与社会经济领域中的某些情形有些相似：当退出可望而不可即时，呼吁至少也能在一定时期内发挥重要作用。与退出相比，呼吁的成本还有渐次升高的趋势；企业或组织所供给的产品或服务品种越来越多，人们消费的"摊子"也越铺越大，呼吁也渐渐成为一种人们欲购不能的"奢侈"品。原因是这样：消费的项目多，打交道的企业或组织就多，即使你每一次呼吁都只投入极少的时间或精力，但其总和也很可能高于预期总收益。这也是呼吁相对于组织而言能发挥较大的作用，而相对于企业而言却作用较小的一个原由，因为组织数目有限，而企业却多得难以计数。此外，增产会提升需求交叉弹性系数，以致强化了消费者退出的可能性：因为产品质量已经下滑，随机地摸一件都极有可能是次品。由于这些原因，呼吁作为一种具有积极作用的机制，主要适用于大宗采购和那些消费者和会员介入其中的组织。

就呼吁选择的核心问题而言，当我们把目光落在呼吁区别于退出的其他特征时，也可以得出与此类似的结论：消费者总是期望或是自己或是其他人能在呼吁中发挥影响或是勇于讨价还价，这是呼吁得以付诸实施的必要条件。显然，这种情形在原子市场上并不适用。呼吁最可能发挥作用的市场条件是，买主甚少或买主不多却在销售额中占有较高的比重。原因有三点：一是买主少易于联合起来采取共同行动；二是得失成败，与每一个买主都利害攸关；三是即使买主们单独采取行动也具有较大的威力。[13]有势力的会员能对组织发挥较大的影响作用，而有势力的买主对企业决策的影响力却弱得多[14]，这种现象很普遍。因此，呼吁选择在组织中采用得比较多，而在企业中采用得比较少。

然而，即使买主很多，有些购买行为却适合于选择呼吁。当消费者对那些价格低廉的非耐用品不甚满意时，他极有可能宁愿换一个牌子试试，也不愿给管理者"制造麻烦"。但是，假如他拥有的是一种昂贵的耐用品，如一辆价值不菲的汽车，而且这辆车还三天两头地出毛病，那么，该消费者就不大可能对此保持沉默。厂商和经销商将对他的投诉或抱怨给予某种程度的关注。原因是，一年、三年、五年以后，他也许还是这类车型的买主，另外，对标准化的产品而言，口头"宣传"具有较强的杀伤力。

以上我们采用比较的方式讨论了呼吁和退出在不同经济发展阶段的作用，结论呈两极状态：在发达经济体中，产品供应量充沛，种类繁多，与呼吁相比，人们倾向于选择退出；但是，对标准化的耐用消费品而言，由于开支大、费用高，呼吁就变得越来越重要，是人们发泄不满的优先选择。

尽管上述评论被限定在呼吁范畴内，尤其是限定在以呼吁替代退出的范畴，但未被触及或虽有触及却语焉不详的领域还很多。另外，既然承认呼吁在绩效恢复方面具有积极的促进作用，那么，就应该设计出一种制度，以便鼓励呼吁并降低个人与集体行动的费用。也可以说，在某些条件下，应当提高发起人组织活动并大功告成的回报。

通常而言，为诸如消费者等群体建立起一些全新的沟通渠道，是完全可能的：因为与其他利益群体相比，消费者的呼声"上传下达"的障碍比较多。事实上，消费者在这方面已经取得了很大的进步，人们所谈论的"消费者革命"（consumer revolution）就是"参与运动浪潮"（participation explosion）的一个组成部分。"消费者革命"这个字眼与历史悠久的、现在还一直发挥作用的"消费者调查组织"（consumer research organization）是两回事。它指的是由 R. 纳德（Ralph Nader）以消费者的名义在最近所举行的那场气势汹汹的抗议活动；纳德其人，既足智多谋又令人着迷，他已经将自己"自封"为消费者服务的检察官（consumer ombudsman）。[15] 自 1964 年起给美国总统配的消费者顾问，就是对消费者呼声的一个回应。这一举措令人深感意外。因为在一个高度竞争的经济体中，应该指望竞争——退出来解决"上帝们"的问题。这些进步导致的结果是，消费者的呼吁似乎可以从三个层面通过制度化的安排来解决：一是靠纳德那样的独立的企业家精神，二是激活官方的管制部门，三是逐步强化向公众出售产品等大型企业的防范性措施。[16]

开辟一条新颖而行之有效的渠道令消费者表达他们不满的心声，此举给我们上了一堂很重要的课。当消费者权衡对一种商品是退出还是呼吁时，结构性约束（比如，相近的替代品是否唾手可得，买者人数的多寡，产品是否耐用，生产是否标准化，等等）无疑是十分重要的，但是，求诸呼吁的倾向既取决于消费者总体诉求意愿的高低，也取决于我们是否能发明出一种新的制度和运行机制来提高呼吁的效率并降低它的费用。结构性约束到底值不值得称为"基本的"，当纳德单枪匹马于一夜之间便突破了这个"基本的"约束时，人们开始对它的合理性提出了质疑。[17]

退出如快刀斩乱麻，简捷明快；而呼吁则是一门艺术，它永远朝着新的方向发展、攀援。这个特点使得人们在权衡退出与呼吁时，往往倾向于采用前者：尽管有可能寻到更低的成本和更高的效益，而且，呼吁的要义皆在于此，但是，消费者或会员通常只能依据过去呼吁的成本和效益来进行决策。*因此，当退出选择浮出水面时，反而容易使呼吁这门艺术萎缩。这是本书中的一个核心论点，我们将在下一章从另一个角度对它进行论证。

注　释

[1]　关于最近的一个比较性的综合论述，参见 G.A.Almond and G.B.Powell, Jr., *Comparative Politics*：*A Developmental Approach*, Boston：Little, Brown and Co., 1996, Chapter 4。

[2]　参见 Robert A.Dahl, *Modern Political Analysis*, Englewood Cliffs, N.J.：Prentice-Hall, Inc., 1966。有关数据及资料参见该书第六章。

[3]　Robert A.Dahl, *Who Coverns?* New Haven：Yale University Press, 1961, pp.309—310. 这一观点与马奇和西尔特提出的"经济制度中组织松弛的优点"的看法极其相似。见 Cyert and March, *The Behavioral Theory of the Firm*, Englewood Cliffs, N.J.：Prentice-

---

*　消费者过去的经验表明：呼吁比较麻烦、复杂，具有不确定性。因此，毋宁退出。——译者注

Hall, Inc., 1963, pp.36—38。

[4] Gabriel A.Almond and Sidney Verba, *The Civic Culture: Political Attitudes and Democracy in Five Nations*, Boston: Little, Brown and Co., 1965, pp.338—344. R. 莱恩（Robert Lane）的观点与此十分相近，他的研究结果表明：在某些方面，"活跃分子与冷漠分子可扮演不同的政治角色；二者间的均衡能产生良好的效应"。参见 *Political Life*, New York: Free Press of Glencoe, Inc., 1959, p.345。

[5] 这里只点明了呼声大小与退出量多寡之间的关系，附录 A 中将以更正规的语言来详细地讨论这个问题。

[6] 由于消费者可以退还有疵点的产品，呼吁也可直接导致销售额的降低。如果退货是呼吁的唯一表现形式，那么，它就会给关注利润的管理者留下深刻的印象，它的影响作用就可以像退出那样来精确地测度。详细论述请参考附录 A。

[7] 呼吁能对竞争做出有益的补充，也存在于我们熟悉的语境中。认为竞争能实现资源有效配置的经济学家所得出的结论是：生产与消费过程中溢出的外部不经济是阻碍竞争发挥资源配置作用的最大障碍（如污染、海滩上"横躺竖卧"的啤酒瓶，等等）。显然，对此类不经济现象要么是容忍，要么是由受害者以有效的抗议诉求方式来解决。换言之，受害者的呼吁作为竞争机制的一个补充是很有用武之地的。这一点一经明确，则认为消费者的呼吁对于竞争具有相同的补充作用，也就不足为奇了。

[8] 这一节所论述的问题，将由附录 B 给出一个更专业的答案。

[9] 参阅后面第七章。

[10] Edward C.Banfield, *Political Influence*, New York: Free Press of Glencoe, 1961, p.333. 这段话的原文是斜体字。

[11] 应当注意的是，本章开头部分所定义的呼吁概念，其含义要比班菲尔德所称的"影响"一词宽泛得多。"影响"一词似乎并不包括意见表达，也不包括间接地向在职决策者所发泄的不满。

[12] 当把忠诚问题纳入我们的研究视野时，退出的成本也许会增大许多。第七章中将进一步讨论这个问题。

[13] 参见 Mancur Olson, Jr., *The Logic of Collective Action*, Cambridge, Mass.：Harvard University Press, 1965。

[14] 不过，还是请参考一下 J.K. 加尔布雷思关于"有势力买主"的论述。 见 John Kenneth Galbraith, *American Capitalism：The Concept of Countervailing Power*, Boston：Houghton Mifflin Co., 1956, pp.117—123。

[15] 纳德于 1968 年 11 月 21 日在《纽约书评》(*The New York Review of Books*) 上发表了题为"美国大骗子"("The Great American Gyp")的文章，进一步阐述了自己关于"产品与行动"的宏大思想。

[16] 从传统上看，这些企业主要是通过大量的市场调查来感知消费者的呼声。

[17] L.R. 皮蒂 (Lisa Redfield Peattie) 在研究委内瑞拉的社区活动文献中，提出了另一个极为生动、切题的案例。参见 L.R.Peattie, *The View from the Barrio*, Ann Arbor, Mich：University of Michigan Press, 1968, Chapter 7。她还在另一篇论文中讨论了与美国相邻城市的低收入阶层是如何展现其呼吁技巧的。参见 L.R.Peattie, "Reflections on Advocacy Planning", *Journal of the American Institute of Planners*, March 1968, pp.80—88。

第四章

退出与呼吁组合的难点

　　前言中提到的经验观察是本学说赖以建立的一个起点，以前各章的论述旨在为读者理解这个问题打下一个铺垫。在最近的一本书中，我曾试图说明，为什么尼加拉瓜的铁路反倒不是卡车的竞争对手；要知道，即使与长而笨拙的火车相比，卡车也小得像一粒粒花生米［花生是尼加拉瓜北部的农作物，该地距拉哥斯（Lagos）码头和哈科特（d'Harcourt）码头800英里左右］。在尼加拉瓜的环境中，卡车具有超凡的竞争力，绩效远胜火车，对此，经济学、社会政治学和组织理论或许能提出合理的解释。不过即使如此，我还是想补充几句。竞争是激烈的，但铁路管理当局长期以来竟未能对如此明显的低效行为采取任何修正措施，其原因可能如下：

　　　　替代铁路运输的交通手段很多，因此，人们对铁路运输所存在的种种问题多半会采取纵容而不是斗争的态度。尽管卡车和公交运输相继进入，但自恃在长途运输业中居于垄断地位，管理层并没有把铁路运输部门服务质量下降看成是一件很严重的事；管理层认为只要没有引起公愤非得进行改革不可，这种管理模式就可以长期地运行下去。况且，尽管改革是必要的，但这种改革势如暴风骤雨，政治阻力很大。这也许是公有企事业单位为什么在竞争激烈的行业中，如交通运输和教育部门，一直居于劣势的一个原因。尼加拉瓜的情形是这样，其他国家的公有企事业单位也不例外。在这两个行业，人们若对公有企事业单位提供的服务不满意，可以很方便地寻到其他替代服务品；当消费者在各自的消费领域各就其位后，公有企事业单位便失去了宝贵的信息反馈渠道，因此，绩效便难以改进或回升。公有企事业单位的管理者们总觉得国家财政部门不会丢下它们不管，所以，对因消费者退出所导致的收入下降并不在意。但是，或是由于利害攸关，或是由于别无选择，觉醒的公众"大吵大闹"地抗议时，公有企事业单位的管理者们就得严肃认真起来。[1]

在尼加拉瓜考察的后期，我还碰到过一种退出与呼吁组合运用不仅于事无补反而对绩效恢复十分有害的情形：由于收入下降对管理层而言并不是头等大事，所以退出没有收到引人注目的效果；如果最先觉醒且呼声最高的消费者只喊不做，即未能率先放弃铁路而转向卡车运输，则呼吁就很难奏效。只喊不做的模式尤其值得仔细审视，原因是，如果这一模式含有任何普遍意义的话，那么，呼吁与退出结合的可能性也许就会大大降低，呼吁作为一种恢复机制，也许只有在完全垄断条件下即消费者被牢固地"锁定"时，才能奏效。

在正式归纳此类情形之前，再看一个与事实十分相近的例子也是很有帮助的。如果我们以美国某社区的公立和私立学校替换上述尼加拉瓜案例中的铁路和公路运输，结果会大同小异。假定在某一时点，由于某种原因，某些公立学校的教育质量开始下滑，则越来越多的关注教育质量的家长就会相继将孩子转入私立学校。[2] 此类退出也许能驱动公立学校做出某些改进。但是，这种驱动力是无足轻重的。原因是，如果没有私立学校这种选择，则家长们（消费者—会员）就会想方设法、锲而不舍地寻求其他抗争方式，这样，也许驱动力更强，公立学校也将因此获益更多。

在上面的例证中，公共代理部门即使与本单位的销售收入脱钩也能从外部筹集到大量的财力资源，因而对退出反应迟钝。然而，观察表明此类情形也存在于私有企业中：本来，呼吁能在遏止衰减的过程中发挥更大的作用，但人们却往往把退出作为主要选择。股份公司管理层与股东之间的关系可为我们提供一个极为典型的例证。当股份公司的管理状况恶化时，寻求业绩良好企业的股票，往往是消息灵通股民们的第一反应。投资者们宁愿选择退出而不愿呼吁，据说是遵从了华尔街给出的信条："对管理层不满？卖掉股票就是了！"一个广为人知的指南手册上说，华尔街的信条"使绩效衰减的管理和政策得以永久地'繁衍'下去"。当然，华尔街的信条并无大错可咎，要怪只能怪股票市场上的投资机会太多，除了一诺千金的股东外，谁都不会考虑放弃退出而选择呼吁。[3]

以上案例——尽管公立与私立学校揭示得最清晰——所共同具有的一个本质特征在于：对产品质量最为关切的消费者，往往也是最活跃、最可信赖和最富新意的呼吁者，正因为如此，当衰减迹象出现时，这些人也最有可能率先做出退出选择。

这项观察的要点在于，它勾勒出了整个经济结构的概貌：在松弛型或"易出谬误"的经济框架中，强化垄断或许比竞争更可取。不过，在一跃而得出这个结论之前，我们还必须用经济分析所使用的常规语言，来仔细地打量一下这项观察。

以常规术语看，上述情形有悖于常识。众所周知，当某物品的价格上涨时，往往是那些边际消费者（marginal customer）率先做出"撤退"的决定。因为这些人的消费者剩余最少，说撤就撤，毫无顾忌。既然如此，当产品质量下降时情形却完全相反就显得不可思议：难道价格上升时率先选择退出的人在质量下降时就不会率先退出吗，或者说，难道价格上升时率先退出的人与质量下降时率先退出的人还会是两个不同的群体吗？[4] 如果要能对这个问题给出一个肯定的答复，则退出与呼吁组合起来运用为什么在某些情形下竟显得如此棘手，就会成为一个比较容易理解的问题。

对产品或服务质量在经济生活中所扮演的重要角色（相对于价格而言）还缺乏足够的认识和探究，是之所以"有悖于常识"的一个基本原因。价格和产量术语频频地出现在传统需求分析的字里行间；这种分类记录完整、计量准确、划分精细，具有很大的优越性。经济学家和统计学家通常把质量变化转化为"同等价格"（equivalent price）或产量变动等概念来处理。如果以标准质量的相同产品为参照物，则质量下降通常意味着产出降低。以车胎为例，优质车胎的平均行驶里程是劣质车胎的二倍。* 换一种说法，质量下降也意味着产品成本和价格升高。例如，在铁路货运服务中若盗贼丛生则保费就会上涨。后一个例子中的质量下降在很大程度上可以这样来概括："对同一笔货运服务而言，货主支付的价格已经上升。"这个概括的可靠性如何？我想，质量下降对需求（主要是对最先退出的人而言）的影响与价格上升对需求的影响并不存在任何差别。换言之，如果质量下降可以完全转化为同等价格的上升，而价格上升又是无歧视性地适用于所有的消费者，那么，质量下降与同等价格上升对退出的影响作用就会完

---

* 如果产品质量下降，即由原来生产优质车胎转为生产劣质车胎，则一只劣质车胎相当于半只优质车胎，与原来相比，意味着产量下降了一半。——译者注

全相同。

现在可以得出一个关键性结论：对任何一个消费者而言，质量变动总是可以转化为同等价格的调整。但是，由于人们对质量上升的评价或感觉存在着很大的差别，同等价格的高低通常也会因人而异。从一定程度上讲，这个结论也基本适用于上面提到的车胎和铁路货物运输中盗贼丛生的案例。车胎行驶里程延长意味着产品质量获得了改进，而产品质量的改进幅度要取决于每个消费者的贴现（time discount）水平。在铁路货物运输的案例中，托运人降低服务质量致使直接平均货币成本上升，它可以完全抵消保费的增长。对某些托运人来说，只要两者相抵就足够了；可对另一些托运人来说，铁路运输可靠性降低所产生的成本（如诸多不便，托运人自身的可信度，等等）并不能完全通过保险项目来补偿。酒类、奶酪或子女教育等产品的质量获得了改进，但评价却因消费者的不同而存在着很大的差异。这种现象虽不足为奇，却表明当产品质量下降幅度一定时，不同的消费者将蒙受不同的损失（就是说，各消费者的同等价格的上升幅度是互不相同的）。如果某消费者由于恰是产品质量鉴赏专家，对原来的高质量产品乐于支付（比如）双倍的价钱，以致产品质量下降前能获得较高的消费者剩余，那么，当产品质量下降时，该消费者如果能寻到相同质量的竞争性产品，即或价高也买所不惜，那么，他就会做出退出原产品消费的选择。

　　这也正是我们的观察所要阐明的一个道理：质量下降便做出退出选择的群体，有可能是那些消费者剩余较高的内边际消费者（intramarginal consumers），而未必是价格一涨便选择退出的边际消费者。或者更简单地说，对产品价格上涨比较迟钝的人通常会对产品质量的下降非常敏感。鉴赏品的例子是这样，教育的例子是这样，名酒且并非仅限于名酒的例子也是这样。

　　同时，也恰恰由于这个原因，消费者剩余越高，该消费者在产品质量下降过程中的损失就越大。因此，当产品质量下降而这些消费者还没有选择退出时，他们也是最有可能制造"事端"的一个群体。"你要是能拔腿就跑的话，那么，你也一定能保持原地不动。"这句话出自 E. 埃里克松（Erik Erikson）[5]，也完全适用于产品质量敏感型的消费者和关注组织政策的会员决定去留选择。怎样才能使这些消费者或会员"保持原地不动"或驻足片刻，特别是设法留住那些优先选择呼吁而不是退出的人们，应成为企业或组织最为关切的一个问题。

　　在进一步研究消费者选择鉴赏品（connoisseur goods）的一系列消费行为之前，先依次回顾一下古老的、令人崇敬的消费者剩余概念是必要的，因为这个概念有助于衡量或显示消费者发挥影响作用的潜力。这个潜力是消费者剩余概念传统表达形式的对应物。消费者剩余是消费者按市场价格购买某物品所能获得的益处：益处越大，消费者维护既得利益的积极性就越高，就越想为企业或组织"做点儿什么"。沿着这个思路走下去，或许能从某个概念中引申出付诸政治行动的可能，而这个概念在经济理论中还一直未能占有一席之地。[6]

显然，替代品可求与否并不是一个孤立性事件，当产品质量下降时，质量敏感型消费者是否尽快退出对鉴赏品的消费也与它具有一定的关联。第三章讨论退出与呼吁选择时，我们曾假定最初可买到的替代品或竞争品都是些次品，但标价却相同。当然，将产品质量与价格搭配起来考虑，是一种更常见的情形。有些替代品质地好价格高，有些质地差价格低，消费者将已实际购买的产品与这些替代品进行比较，有时甚至举棋不定，这是很正常的。假定消费者原来所钟情的鉴赏品质量已经下降，且市场上只提供优质优价的替代品，那么，这些消费者会不会认为丢弃他们原来所喜爱的产品而转向优质优价的替代品，是一种价有所值的决策呢？答案是模糊不清、似是而非的。另一方面，当市场上只提供低质低价的替代品时，这些质量敏感型的消费者尽管因产品质量下降而蒙受了较大损失，但与质量不太敏感的消费群体相比，他们与企业相"厮守"的时间将会更长一些。我们可以用无差异曲线分析方法轻而易举地证明这些命题（包括与此相似的命题）。[7]

质量高度敏感型消费者匆匆离去，意味着企业失去了主要客户，呼吁选择便陷入了瘫痪境地；其撤离速度与优质优价替代品的有无具有紧密的联系。房地产业的情况就是如此。当住所周围如安全、清洁、学校等环境因素恶化时，那些对邻里质量要求较高的住户就会率先迁出原居住地。他们或是另择邻里或是迁往郊区，即使房价较高也在所不惜，从此，在那些试图阻止或扭转居住环境恶化的市民或社区团体的抗议队伍中，再也看不到他们的身影。至此已不难看出，在公立和私立学校的案例中，收费较低的公立学校在与私立学校竞争时具有某些不利之处。第一，当公立学校的教育质量下降时，对教育质量比较敏感的家长将不会采取任何扭转颓势的措施，而是把孩子转到了私立学校。第二，孩子转学之后，当私立学校的教育质量也开始下降时，这些家长会让孩子们在私立学校"驻足"观望一段时间，而不会像在公立学校那样即刻转出。因此，当公立学校与私立学校两种体制并存时，由于后者的教育质量高于前者时，后者的教育质量下降将会遭到家长们的强烈抵制，而这种情形在公立学校却不大可能发生。况且，由于退出选择对公立学校而言并不是一个特别有效的恢复机制，而私立学校出于收支平衡的考虑，退出选择格外有效。此时，一种机制（退出或呼吁）疲弱对引发另一种机制（呼吁或退出）失灵起到了推波助澜的作用。

在某些重要的非连续性的选择和决策中，比如，两个教育机构或两种运输方式的选择，上述观察的结论是最为适用的。[8] 如果产品质量—价格的分布区间是完全连续的，即从低质低价产品一直不间断地延伸到优质优价产品，那么，除了"双低"和"双优"这两类产品外，其他类型产品的质量下降将迅速导致一系列的退出组合：质量敏感型的消费者将转向高一层次的优质优价产品；价格敏感型的消费者将转向低一层次的低质低价产品；当产品质量下降而不是价格上升时，质量敏感型的消费者仍会率先退出，而价格敏感型的消费者虽稍有迟疑，但也会随即退出。

这个命题表明，呼吁在遏止优质产品衰减过程中能发挥较大作用，而在遏止低质产品衰减时作用较小。但是，即使某类产品具有不同的质量等级且各质量区间的分布密度（density）是不均匀的＊，上述命题也仍然成立。如果仅仅是由于规模经济起作用，则质量区间上段的密度未必高，中段和下段的密度也未必低。这样的话，当质量敏感型消费者决定退出并转向次优产品消费时，表明区间上段产品质量的下降幅度已经相当大了。因此，呼吁在上段区域发挥作用的空间最大，而在中、下段区域则相对小一些。

由此可以产生两个推论。一是，前面讨论的教育问题表明，对人们认为与"生活质量"密切相关的诸多重要服务部门而言，呼吁能在遏止质量衰减过程中起到极其重要的作用。因此，一个并非远离现实且令人深感不安的结论是：在这些服务部门中，呼

＊　如果产品质量分为 5 级，如 1、2、3（3.2、3.5、3.8）、4、5，则这 5 个级别就是某类产品的整个质量分布区间。它的质量分布密度是不均匀的，如 3 到 4 级之间的密度高，1 至 2 级以及 4 至 5 级的分布密度低。质量区间上段指优质产品，如 1、2 级，下段是低质产品，如 4、5 级。——译者注

吁是遏止衰减的有效方式，但它通常是发生或作用于质量上段区域而不是下段区域，因此，上段区域与中、下段区域之间的生活质量差距将会变得越来越明显。在一个人人勇于向上发展的社会中，情形尤其如此。如果人们从一个社会阶层向另一个社会阶层移动的阻力较大，则各个阶层都会产生维护自身现存生活质量的强烈动机，因此，呼吁机制将会自动地得到强化。在一个人人争取向上发展的社会中，上下阶层之间的鸿沟将越拉越大，刚性越来越强，趋势越来越明显。但要看出这一点并不容易。原因是，在我们的文化传统里，人们始终认为，个人拥有向上层社会发展的均等机会可以实现效率和保证公平。[9]

如果一方面质量区间最上端的产品品种越来越少，而另一方面最好的结果离不开呼吁与退出的组合运用（这是一个语义含糊的概念），那么，我们就会得到另一个稍有不同的推论。如果我们接受这个含糊的概念，则退出将成为产品质量最下端区域恢复机制的主要形式，而在最上端区域退出量会明显不足。在本书的末尾，我还将进一步说明这个命题。

注　释

[1]　参见 A.Hirschman：*Development Projects Observed*, Washington：Brookings

Institution，1967，pp.146—147。

[2] 私立学校收费较高且美国收入分配差距较大，家境优越的学生当然大多愿意退出公立学校。而在另一些收入阶层特别是中等收入阶层中，以高额支出换取子女教育质量的意愿便存在着很大差异。严格地说，这里所描述的情形最适合于中产阶级集中居住的校区：送子女去私立学校就读，负担虽重但尚可承受。

[3] 这一段落引自 B.Graham and D.L.Dodd，*Security Analysis*，3d ed.，New York：McGraw-Hill，1951，p.616。作者在第 50 章，即"股东与管理者的纷争"（Stockholder-Management Controversies），详细地讨论了这个问题。在第 4 版（1962）中，作者对此所论甚简；他们隐约地感觉到，制度安排总是阴差阳错地与他们作梗，使他们的劝诫流于破产。两位作者以近乎狂热的方式满怀希望地说："如果股东不喜欢企业的生产经营方式，则不论股价多低，他们都应当尽快脱手。我们认为这种观点是陈旧的，也是有害的，要与之辩驳"（p.674）。

[4] 在附录 C 中将这种可能性称为"逆转现象"（reversal phenomenon）。如果有的读者觉得图形比语言更为清晰，那么，请参照附录 C 和附录 D 理解以下的讨论。

[5] Erik Erikson，*Insight and Responsibility*，New York：W.W.Norton & Co.，Inc.，1964，p.86.

[6] 贸易收益是由来已久的一个经济学概念，也可以按相同的方式转化为政治概念，即贸易伙伴在贸易国所获得的影响力。关于这一问题请参阅我的著作 *National Power and the Structure of Foreign Trade*，Berkeley：University of California Press，1945，Rev.ed.，1969，Chapter 2。

[7] 在附录 D 中，我将使用更专业的语言来讨论这节所涉及的诸多问题。

[8] 附录 D 表明，至少涉及三种物品以上时，才会出现逆转现象。这

三种物品分别是：质量下降或价格上升的居中物品[*]，优质优价的物品，以及低质低价的物品。在这三种物品中，当居中物品的价格上涨时，要求不太苛刻的消费者将率先退出（即转向低质低价物品消费）；当居中物品的质量下降时，质量敏感型的消费者将率先退出（即转向优质优价物品消费）。尽管正文的例子只有公立学校和私立学校这两种"物品"，而且也能把问题解释清楚，但是，如果公立学校就学费用上升，则第三种选择就会浮现在人们的脑际，例如，与正规教育相比，孩子们还可以在家中接受非正规教育。如果公立学校取消免费教育制度的话，许多对教育质量要求不太苛刻的"消费者"就会毫无疑问地做出第三种选择。因此在此类情境中，逆转现象是不能排除的。与此相似的推理方法也适用于其他类型的二重选择：如果仔细寻访，人们通常能找到第三种选择；如果经常购买的物品价格已经上涨，则人们总能找到另一些稍逊色的替代品。

[9] 迈克尔·扬（Michael Young）尖锐、辛辣而直白地指出了人们这一信念上的谬误。参见 Michael Young：*The Rise of Meritocracy*，1958，Penguin Edition 1968。另参见本书 pp.88—92。

---

[*] 即质量与价格均处于居中水平。——译者注

第五章

竞争能纾缓垄断吗[1]

　　高度垄断在某些情形下要优于松散式的竞争，这个观点对一个西方经济学家来说是难以接受的。然而，以上的论述使我们认识到，把退出的大"门"严严地封死可能要比留出一条缝隙更好。但这要取决于两个前提条件：

　　(1) 如果退出对于恢复不仅于事无补，反而会帮倒忙，以致把那些关注质量的、敏感的以及潜在的呼吁者们从企业或组织中赶了出去。

　　(2) 一旦消费者或会员在各自的企业或组织被锁定，呼吁机制能有效地发挥作用时。

　　毫无疑问，第一个前提条件得以满足的场合很多，我们在这一章以及后几章里还会给出更多的例证。第二个前提条件则显得比较宽泛。原因是前面已经指出，通过诉求和利益及理念聚合而形成的民主调控过程与在组织内部培育"呼吁"机制，具有完全相同的含义。

　　单靠消费者或会员被锁定这个事实本身，并不能保证呼吁音量宏大而有效。如下所述，以退出相要挟是消费者或会员向企业或组织释放影响作用的一种重要方式。但是，企业要是没有竞争对手，退出便不具有威胁性；这样，当退出选择可付诸操作时，呼吁的效应就要打折扣；当退出选择难以付诸操作时，方式虽有所不同，但呼吁的效应也同样会受到削弱。不管怎么说，做一个概率式的陈述或概括还是可能的：在某个社会中，当一个组织的权力构架和应变能力以及个人或团体维护其自身权益的意愿给定时，一种很可能的情形是，与实施退出选择相比，消费者或会员被锁定时，呼吁在维持效率过程中将能够发挥更可靠的作用。[2]

认识到我们正面临着一个两害相权的选择，也许是理解这一问题的最好方式。传统上的"羽翼丰满"的垄断具有很多害处和弊端，这一点已经为人们所熟知；还有一些垄断组织羽翼虽未丰满，但却能在敏感的消费者或会员退出之后顽强而不为人察觉地生存下来，对此我们也应当给予较多的关注。两害相权，这两种制度安排到底哪一个"为害更烈"呢？这是我们面临的一个很现实的问题。

长期以来，经济学界对垄断及反垄断问题给予了较多的关注，而我的观点却与之形成了鲜明的对比。在传统上人们一直认为，垄断组织为了剥削消费者及获取最高利润，它们经常限制产出，手段无所不用其极。这一认识也一直是制定公共政策的主要依据。即使像加尔布雷思这样极乐于向"传统观点"提出挑战的人，也仅仅是把垄断组织的这种剥削行为作为主要的甚至是唯一的弊害加以防范。在《美国式资本主义》（*American Capitalism*）一书中，加尔布雷思也仅仅指出，在发达的资本主义经济中，垄断的趋势越来越明显，要想以竞争取代垄断是不太现实的。他为正在实施的那种选择大唱赞歌，歌词是"势均方能力敌"。但是如果我们换个角度，既关注垄断组织利润最大化的掠取行为，也关注它具有向低效、腐朽和衰弱滑落的趋势，那会出现怎样的情形呢？到头来，一个更常见的危局可能是：垄断者制定高价并不是为了获取超额利润，而是因为成本居高不下；另一个更常见的局面是，垄断者一任产品或服务质量下滑，并未从中捞到金钱上的好处。[3]

由于剥削和牟取暴利是这种行为的显著属性，致使那些几乎与此完全相反而又为垄断和市场权势所允准的缺陷，如懒散、脆弱、腐败等，一直还没有受到应有的关注。要想发现这些类属于公共政策事务的问题，你必须拓宽视野，跳出"讲英语的圈子"（"Anglo-Saxon" world）。因为在英语圈子内，利润最大化或紧张式经济概念已经成为他们经济理论思维的一般模式。几年以前，当一位有声望的法国经济官员提出多方面调控企业的建议时，曾将管理者的无能与"放纵"列为企业经营步履趔趄的一个重要问题。[4]

政治权势与市场权势是极为相似的，原因在于，这两种权势的拥有者既可以用它来纵情施暴，也可以使它处于休眠状态或干脆弃之不用。但是，出于某些冠冕堂皇的理由，理论界的聚光灯一直都集中在滥用权力的威胁以及侵害私人权利的弊害上，而从未顾及那些疏于管理和官僚主义的不称职行为。因此，尽管当前围绕督察办公室（the office of ombudsman）的争论很多，但设立该办公室的初衷可嘉，即旨在帮助市民与越权违宪的官员对峙时使冤情得以辩白。但是后来，这个初衷却发生了变化；今天，它已经"成为擢升优秀行政管理人员"、惩戒渎职以及相关事宜的衙门。[5] 这也许意味着，我们现在是用这种制度来劝诫或申斥好逸恶劳的官员，尽管设立这个办公室的初衷是为了阻止专横跋扈的官员滥用权力。

　　一职多能固然值得赞许，但它不能成为定则。垄断组织一门心思地追逐利润，而所有防范垄断的部门却身兼二职并以此来矫正自身趋于疲弱和治业不专的倾向，这岂不是咄咄怪事？而退出—竞争模式则与此完全一样。开发资源、实现利润最大化的垄断组织并非一无是处，这毋庸置疑；然而，出于阻止垄断企业的衰减和消除平庸的目的而把竞争渗透于其中时，弊害也许更大。这是因为，如前几节所述，退出—竞争模式既能有力地削弱呼吁选择，同时又不危及组织的生存。尼加拉瓜铁路运输公司的情形就是如此：一俟发生亏损，该公司总是能轻而易举地从国家财政部门捞到好处。还有很多其他案例表明，竞争不仅不能一如人们所假定的那样起到限制垄断的作用，而且还会将那些"制造麻烦"的消费者吸引过去，具有"助纣为虐"或扶助垄断的功能。这样，有的学者就可以对一个十分重要但却极其隐蔽的垄断"暴君"做出如下的定义：此类"暴君"只是一小撮；它们经营能力低下但却能欺压弱者；它们"懒散怠惰"但却能"鱼肉"百姓；了无生气却可长生不老，且状若无欲无望，逍遥自在。这样的比较确实具有烘托作用：垄断组织是一个极权主义者，是一个扩张主义的"暴君"，或是一个攫取利润最大化和满脑子只有积累意念的组织；长期以来，我们对它的这些特征给予了太多的关注。

　　经济学领域的一个流行观点是，当垄断权势依托于区域位势，而区域内不同消费群体的进—退灵活性（mobility）又明显不同时，那么，"懒散"的垄断者出于"偷懒"和化解批评的目的，也许会张开双臂对竞争表示"欢迎"。如果进—退具有一定灵活性的消费者是那些对产品质量最为敏感的人（这是很可能的），那么，当区域内垄断者经营绩效下降时，他们就会做出退出选择。他们的退出反而使垄断者舒适而平庸的表现可以经久地维持下去。这个道理也适用于小城镇或少数族裔的店铺经营：质量敏感型的消费者会"另攀高枝"，转向别处更好的商店。发展中国家的电力部门，拖泥带水，不定期地停电，挑剔的消费者终将不堪忍受，或是选择退出，或是安装自己独立的电力供应设备，也是这方面的例证。

美国邮电部门这个"好吃懒做的"巨人，由于挑剔而富有的消费者鲜有退出的机会而发展壮大起来，是印证我上述观点的另一个例子。邮电部门所提供的一些通信手段，如电报、电话等，既迅捷又可靠，使消费者对信函邮递的缺陷变得相对宽容。另外，这种优势还可以使邮电部门"以劣欺优"，使消费者认识到"改换门庭"而转向其他通讯渠道，既不实际也不实惠。

实际上，专横而又懒散的垄断者也许乐于为那些呼声刺耳的消费者创造一点点儿退出机会。为了更好地说明这个问题，还是对"逐利"和"懒散"这两种类型的垄断组织做一个比较：在可能的条件下，"逐利"者会实施歧视性价格，以便从最热心的消费者身上尽可能地攫取最高利润；而"懒散"者则可能制定一个天价把"刺头们"完全赶出市场，以便使那些难以对付而又令人讨厌的改进质量的呼吁销声匿迹。原因是，那些最热心的消费者不仅乐于支付最高的价格，而且，当企业绩效稍有滑落时，他们也是最爱挑剔和最易"揭竿而起"的消费群体。[6]

这种"颠倒式"（topsy-turvy，从利润最大化的角度看）歧视现象在经济生活史卷中鲜有记载。究其原委，一方面也许是我们从未费尽心思地去挖掘；另一方面，只是因为价格歧视通常难以付诸操作。但是，在政治斗争中却存在着与此极为相似的现象。拉丁美洲的当权者长期以来一直蛊惑他们的政敌或潜在的政治批判家，通过自愿流放的方式退出政治活动舞台。拉丁美洲国家广泛采用的政治庇护权，几乎就是一个个"限制呼吁的政治阴谋"。哥伦比亚的政治舞台可为这种现象提供另一个更为直接的例证。该国法律规定，总统卸任后选择海外居住则付给美元，本国居住则付给比索，两者的绝对数额相等。鉴于该法律生效时 5—10 个比索可兑 1 美元这个事实，通过经济利益诱饵把这些潜在的"麻烦制造者""驱逐"出去的官方意图，应该说是极其明显的。

即使不采用这种经济诱饵，将不满或败北的政治对手"驱逐"出去对某些国家来说也完全不是一件难事。呼吁有助于一个充满活力和积极向上的政治程序的形成，而退出却对此具有破坏性作用；比较一下日本和拉丁美洲国家政治角逐的结局，可以为我们提供另一个例证：

> 日本与外部隔离，为流放政治对手划定了一条刚性的边界。可忍受的流放机会的缺失使日本人养成了妥协的美德。一个阿根廷的报刊编辑在面临着被逮捕和暗杀的威胁时，只要涉过一条河便到了蒙得维的亚[*]。这里的面孔并不陌生，语言和书刊也完全相同，结识朋友并不难，找工作也很容易，跟原来的家没有什么两样（要是现在，他可能在多如牛毛的国际组织中选一家寻求政治庇护）。但是在日本，除了极少部分人以外，家，从地域上说是永久不变的。[7]

---

*　Montevideo，乌拉圭首都。——译者注

从这一点上看，日本具有"不能退出"（no-exit）政坛的优势。而退出招之即来是操西班牙语的南美社会的特点，对形成内讧及独裁的政治特色也许"功不可没"，就像西班牙具有崇尚阳刚之气的国民特质与其传统中的某些给定的相近因素有关一样。

注 释

[1] 在撰写这一章时，我犯了一个令人难以原谅的错误，即未曾提及 J. 希克斯（John Hicks）35 年前的一段著名论述："垄断利润的最大优点是有利于社会的安宁。"如果我当初写作时想起了这句话，就不会为经济学家对"懒散的垄断"（lazy monopolist）未置一词做出如此尖刻的批语；同时，或许还能使本章的主要观点表达得更透彻、更犀利，即在对呼吁的客观性及呼声高低给予某些假定的基础上，与垄断相比，竞争能提供一个更为安宁的生活。——赫希曼，于 1971 年 9 月 30 日。

[2] 读者或许已经注意到，这与完全竞争条件下的情形具有惊人的对称性。我在第一章注释 [1] 中曾指出，于竞争性市场结构中从事生产经营活动的企业，由于它既不能改变产品价格，也不能变动产品质量，只能通过成本的上升来直接地感知绩效恶化，而不能通过消费者的反应得到间接的提示。企业将历经亏损的苦痛，亏损额的大小要视绩效衰减幅度而定。如果衰减的幅度小，则亏损额就低，企业就有机会得以恢复。如果稍稍地偏离一下完全竞争性的市场结构，比如，企业作为产品价格和质量的制定者具有一定的市场影响力，而需求又具有较大的弹性，则情况就会完全不

同：微弱的衰减将使产品质量小幅度下降，而小幅度的产品质量
下降也会大幅度地降低销售收入，企业随之陷入困境而难以自拔。
这说明，完全竞争另一端的情形也与此相似。从有利于恢复机制
发挥作用的角度看，完全垄断在某些条件下要比稍有竞争的垄断
更值得考虑。因为在稍有竞争的垄断条件下，销售收入的些许下
降并不足以引起管理者的注意，而勇于呐喊的消费者们却离开了
企业，因而注定会削弱呼吁选择。在完全竞争与完全垄断这两个
端点上，恢复机制的作用力最大；就市场结构和市场影响力而言，
哪怕是由两个端点向内侧移动一点点儿，恢复机制的作用力都会
受到削弱。

[3]   比较一下一名巴西学生所做的下列评述："说巴西土地大规模地
集中是妖魔，并不因为它不人道或恶毒残忍，而是因为它缺乏效
率。"参见 Jacques Lambert, *Os dois Brasis*, Rio de Janeiro：INEP—
Ministerio da Educação e Cultura, 1963, p.120。

[4]   参见 François Bloch-Lainée, *Pour une réforme de l'entreprise*, Paris：
Editions du Seuil, 1963, pp.54—57, 76—77。英语文献在谈到工
会问题时，对垄断企业的"倦怠"或"懒散"现象给予了一定的
关注。参见（1）Richard A.Lester, *As Unions Mature*, Princeton：
Princeton University Press, 1958, pp.56—60；（2）Lloyd G.,
Reynolds and Cynthia H.Taft, *The Evolution of Wage Structure*, New
Haven：Yale University Press, 1956, p.190。然而，讨论的中心却一
直集中在垄断组织的剥削潜能方面，因而，心思也就全都用在了
管制和反垄断立法领域。

[5]   参见 Hing Yong Cheng, "The Emergence and Spread of the Ombudsman",
The Annals, special issue on "the Ombudsman of Citizen's Defender",
May 1968, p.28。

[6]   "赎买"是"懒散"者得以逃避"刺头儿"消费者呼吁的另一种
方式，比如，它可以向这些消费者提供超一流的产品和服务。这

也是一种歧视，但不是价格歧视，而是质量歧视。其目的同样不是为了攫取最高利润，而是以一种赎买方式换取了绩效下滑的"自由"。

[7] R.P.Dore，"Latin America and Japan Compared"，in John J.Johnson, ed.，*Continuity and Changes in Latin America*，Stanford：Stanford University Press，1964，p.238.

第六章

双头垄断与两党制的发展

迄今为止，我们一直把企业或组织绩效已出现明显的衰减作为分析研究的起点。退出和呼吁是对此类衰减的一个回应，在某些条件下能起到阻止衰减和扭转颓势的作用。消费者对质量下降虽或多或少地都具有某种反应，但有的态度积极，有的态度冷漠。我们现在将放弃这些假定。这样，质量和价格又成为截然不同的两回事：如同产品价格上升会使全体顾客的实际收入减少一样，价格下降对所有的消费者来说都是一个好消息；但消费者对相同的产品质量变动的反应却大不相同，有人举双手赞成，有人觉得不大对劲儿。当然，这种反应也适用于政党和其他组织相对地位的变换或更迭。

众口难调，当产品或服务质量调整将产生"几家欢乐几家愁"的局面时，如何选择质量标准的问题就会摆在企业和组织面前。经济学家对这个问题的回答是，企业所选择的质量标准应满足利润最大化这个前提。[1] 但这个常规答案实际上并不能解决我们的问题。原因是，如果调整产品质量（产品成本并不受影响）是一柄双刃剑——既能吸引一部分顾客但也会失去一部分消费者，那么，利润最大化这个标准就难以提供一个唯一解。如果生产者是一个垄断厂商的话，则变动产品质量虽然不会对顾客的流量产生影响 *，但却会出现上面所说的"几家欢乐几家愁"的局面。为了使局面明朗化，推出另一个标准也许是合于情理的，即除了实现利润最大化以外，企业还应尽可能地降低消费者的不满情绪。或是为了自己的声誉，或是为了减缓身在其中的社区的敌对情绪，这种措施都是极为理性的。[2] 如果采用这个标准，从总体上说，企业的产品质量标准就会选在可实现利润最大化的中段产品质量区间上。假定一个垄断企业拥有两类客户，*A* 族和 *B*族。如果产品质量在其线型区域上从 *A* 向 *B* 稍有滑落，则 *A* 族就会怨气冲天，而 *B* 族却欢呼雀跃。假定 *A* 族、*B* 族不满情绪程度是相同的，那么，为了尽可能地降低他们的怨气，企业就有可能将产品质量定在 *A* 和 *B* 之间。[3] 如果在产品质量由 *A* 向 *B* 的滑落过程中，*A* 族的不满情绪远远大于 *B*，其怨声也远远高于 *B*，那么，企业所选定的质量标准就应该明显地靠近 *A*。

呼吁不过使问题显性化，为企业确定产品质量提供了一个依据或可能。把企业的质量决策理解为是基于利己主义的考虑才能把顾客怨气最小化作为一种行动指南[4]，实际上是不够正确的。

---

* 因消费者不能退出。——译者注

一个可以接受或更接近现实的说法是，企业将产品定位在质量区间中段，无非是对消费者呼吁的一种反应，或者更准确地说，是假定这种呼吁能遏止企业的衰退趋势。当利润最大化规则不能为企业提供政策指南时，呼吁机制无疑应扮演一个决定性的角色。但是，即使当利润最大化规则能在产品质量区间上给出一个明确的质量标准时，我们也不应当完全忽视呼吁角色的作用。换言之，关注呼吁（意味着使敌意和怨气趋于最低）对实现利润最大化能起到锦上添花的作用。如果利润最大化与怨气最小化相互抵触时，两相权衡，折衷与妥协将成为可行的选择。

此类抵触与折衷得以出现的情形可以按下面的方式来构筑。假定仍然有两类消费者，A 族和 B 族；如果企业的产品质量由 A 点向 B 点滑动，则 A 族并无替代品可以消费；而 B 族的需求具有高度的弹性，若产品质量由 B 点向 A 点滑动，则 B 族就会一窝蜂地离企业而去。在这种情况下，专心于利润最大化的企业就会将产品质量标准定位于质量区间的 B 点上，而专心于怨气最小化的企业将会选择 A。当产品质量确定在 A 点时，A 族消费者自会其乐融融，而 B 族消费者却会相继做出退出选择。B 族消费者对企业深感失望，不仅态度极不友善，而且还会采用退出方式割断与企业的联系，如是，对企业的敦促作用就会丧失殆尽。不管在什么样的条件下，只要 B 族消费者能轻而易举地寻到替代品，那么，他们的福利损失就可能不太大。如果情形与此相反，企业将产品质量定位于 B 点，则 A 族别无选择，只能迁就，但会怨声载道。在这种情况下，对呼吁比较敏感的企业就会在质量区间上偏离于原来可实现利润最大化的质量标准。值得注意的是，当消费者不满于企业的产品质量而又退出无门只能迁就时，企业也极有可能偏离可实现利润最大化的质量标准。这与人们对"强势消费者"（powerful consumers）的传统看法是矛盾的，或者说至少对这些看法提出了某些限定条件。人们一般认为，消费者之所以具有某种权势，是因为他们能投向其他企业的怀抱，从而对未能关注自己消费偏好的企业实施"惩罚"。但是，我们现在看到，退出无门或不能投向其他企业怀抱的消费者也同样拥有权势，而且正因为如此，他们或是甜言蜜语，或是威胁，或是诱导企业对自己的要求和消费口味给予关注，是最有积极性付诸呼吁的群体。[5]

经济、政治思想史研究领域具有悠久而明晰的"家族"谱系，以上的讨论对这一研究领域具有直接的影响作用。大约 40 年以前，哈罗德·霍特林（Harold Hotelling）发表了一篇极负盛名的论文[6]，开创了很多新的研究领域：双头垄断、区位理论以及两党制的变化态势。他的论点曾被后人详加论述并获得了完善，但基本观点还一直没有遇到直接的挑战。霍特林的观点可以简要的概括如下。他认为，消费者或不同政党模型中的投票人是沿着有限线段——或是从 A 到 B，或是从左翼到右翼——均匀分布的。假定两个企业（或两政党）的最初状态是双双居于线段两个端点与中点的各 1/2 处。从全社会的角度看，这是一种较为理想的安排，因为这两个位置消费者的移动成本最小。这个模型对政治选举过程也同样适用：端点与中点各 1/2 这两个位置，能缩小投票人与不同政党间的意识形态差距，因而，也能最大限度地降低投票人对施政纲领和政策的不满情绪。现在进一步假定，两个企业或政党中有一个居于线段的左端，并可以沿着线段由左向右无障碍地移动；而另一个却在原地被锁定，来不得半点儿移动。在这种条件下，追逐利润最大化的企业或争取得票额最高的政党就可能由左向右移动。原因是，只要可移动的企业或政党位于被锁定的企业或政党的左侧 *，它就总能将最左端的消费者或投票人"牢牢地握在手中"，而在由左向右移动的过程中，还能把本属于另一侧企业或政党的消费者或投票人也收入囊中。据此可以得出两个重要结论：（1）在上述双头垄断的假定条件下，两个企业都具有向线段中点移动的趋势。（2）此类利润最大化或得票额最高是不符合社会需要的行为，因为与两企业各居于原 1/2 处相比，它抬高了消费者的购物总成本（如果将消费者所承担的移动成本也一并考虑在内）。对政党制度而言结论也是这样：在一个两党制的政治体制中，两政党不断向线段中点靠近，尽管是可行的，但对全社会而言却难如人意。[7]

---

*   也可以说，只要左侧的企业或政党离线段左端的距离小于右侧的企业或政党，它就能将最左侧的消费者或投票人吸引过去。——译者注

这个优美的模型在实际预测过程中成功与失败的几率几乎完全相同，政治学家的检测尤其如此。斯特里坦（Paul Streeten）和库恩（Thomas S.Kuhn）的名言可谓鞭辟入里：一个模型不管多么差，活生生的事实从不能将它打翻在地，只有另一个模型问世才能把它赶将出去。[8] 我并不是说这个模型被完全忽略了。在经济大萧条之后以及新政时期（New Deal），民主党和共和党都对意识形态问题不很热心，人们曾尝试着检验这个模型与这些事件的吻合程度。就像霍特林曾指出的那样，结论要绝对地依赖于整个线型市场需求无弹性这个假设，是模型得以采用的前提。[9] 在这个假定条件下，消费者总是在离家最近的店铺购买产品，而不论这个"最近的"店铺离自己的家到底有多远；市民们也是这样，总是到最近的投票点去行使投票权利。而另一方面，如果需求有弹性，则随着企业或政党向线段中点移动，那些位于市场两端的消费者或投票人将纷纷离去。与先前的模型相比，消费者或投票人的退出将至少抑制企业或政党的居中趋势（clustering tendency）。如前所述，这种集中趋势对全社会而言是不合时宜的。[10]

20 世纪 50 年代时，适逢艾森豪威尔入主白宫，政局沉寂，加之某些有声望的学者过早地"宣判"了意识形态的死刑，致使历史的钟摆又滑向了另一侧。在这种氛围下，理论界再度燃起了对霍特林模型的研究热情。安东尼·唐斯（Anthony Downs）在一部极负盛名的著作中对霍特林假设的真实性提出了质疑：投票人在意识形态的频谱上果真是从左向右均匀地分布吗？[11] 如果投票人的频率分布呈单驼峰形状（不走极端，呈中庸态势），即中间高两端平缓，那么，霍特林所称的"居中趋势"就是同义反复（应当注意的是，在这种条件下，居中趋势将不会形成在均匀分布假定条件下所暗指的社会损失）。因此，唐斯重新构造了霍特林模型。唐斯不仅没有对霍特林模型赖以成立的有弹性的需求假定提出质疑，反而在承认这个前提的基础上，提出了投票人从左向右基本呈正态分布的新假定，目的是为抵消有弹性需求假定的作用。[12]

历史是任性而反复无常的：霍特林的模型被唐斯"武装"一番之后，它解释现实的能力又一次受到了质疑。1964 年，共和党的戈德华特成为候选人，1968 年，尼克松当选（勉强程度稍轻），两党之中至少有一个是极为勉强印证霍特林—唐斯模型的。就一般情形而言，越来越多的证据表明，两党在很多重大问题上的立场几乎一直是背道而驰的。[13]

与 20 世纪 30 年代借助于有弹性需求假设所建立的模型相比，呼吁概念将有望使霍特林模型获得极大的改善。在双头垄断售卖某种生活必需品以及两党制根基十分稳固的条件下，霍特林无弹性需求的初始假设是极其真实的。霍特林的假设并没有错，也没有脱离现实；败因浓缩在消费者（或投票人）被"俘获"而无处投奔这个推论中。消费者或投票人无处投奔，因而，也难以对企业或政党施以提高绩效的压力，这是千真万确的。但正因为如此，无处投奔的人才最有积极性发挥各种潜在的影响作用，以阻止企业或政党继续从事那些令他讨厌的活动。就这一点而言，"无处投奔"与"有处投奔"的人是完全不同的。要想修正和限定霍特林模型的居中趋势，我们不应当以有弹性需求来替代无弹性需求，而是应当认识到，位于线型市场端点的无弹性需求是可以通过呼吁机制来发挥更大作用的。

如前所述，呼吁可促使企业或政党修正奋斗目标，就是说，要放弃一些盈利或得票额来给消费者或投票人消消气。当把销售或投票前景不甚明朗这个难以避免的不确定性因素一并盘算在内时，这种妥协或换取尤其值得考虑。换句话说，由于对某政党华而不实的施政纲领或政策高度不满，投票人"揭竿而起"提出了严正的抗议，这时，该政党通常会做出让步，因为投票人的威胁迫在眉睫，是实实在在的，而花哨的施政纲领到底能额外吸引多少选票还是一个未知数。

第二章已经讨论过实施呼吁选择的一般条件。至于本章所讨论的问题，或许可以概括如下：要想使呼吁机制很好地发挥作用，市民们必须拥有能够发挥政治影响力的储备资源，这样，一俟猛醒，他们就会启动这种资源并使之发挥作用。这是一个为人们所熟知的常见情形。换言之，政治制度中也存在着为量甚巨的

"松弛"*。R. 达尔曾经说过："社区中的每一个公民几乎都拥有尚未启用的政治资源。"[14]

显然，霍特林夸大了居中趋势所导致的社会损失的作用。对某政党华而不实的政策取向心怀不满的人，完全可以采用另一种机制来发挥影响作用，而且，与呼吁在市场中的效果相比，其作用力度丝毫都不弱。但是，我们也不能保证呼吁机制就一定能促使某政党回归到对全社会来说状若理想的点位；这个点位与霍特林模型中的定位问题基本相似，处于某政党与投票人之间意识形态差距累加额最小的那一点。难以改换门庭的投票人也许动作幅度过大，致使某政党回应时超越了该点位，从吸引选票的角度看，反而导致了一个灾难性的后果。戈德华特（Goldwater）于1964 年一举成为共和党的总统候选人，就是这种矫枉过正现象的一个例证。

戈德华特成为候选人推翻了霍特林—唐斯理论模型的预测，一种理论假说竟与事实这般矛盾是极为罕见的。然而，这个事件并没有推动人们全面检讨这一理论假说的正确性。有三位政治学家在一篇探索性的文章中，探讨了在那种条件下共和党按得票额最高原则办事而最终却一败涂地的原因。[15] 他们将研究焦点聚拢于政党右翼，并指出它远比中间路线者（the middle-of-the-

---

* slack，与国民经济中存在的松弛具有相同的含义。——译者注

roaders）更为激进；三人所得出的结论与正确答案相去不远。写给政府官员、报纸和杂志社的信，是某种政治行为激进与否的显示剂，结果表明，共和党的右翼分子由于"无处投奔"，是举止言行离谱等激进行为的主力军。但是，三位作者援引这些生动数据的目的，是为了说明共和党及其候选人对获胜机会的错误认识，而不是为了得出下面这个更基本的结论："无处投奔"的投票人在选举过程中极具权势和影响力，因此，在两党制中，某一党派并不一定非得像霍特林—唐斯模型所预期的那样，按得票额最高的规则来运作。[16]

民主党在1968年的大选中败北，在两党制条件下"无处投奔"的投票人又以另一种不同的方式表现出了他们的影响力。怎样才能将中性投票者*或举棋不定者的选票拉将过去，在很大程度上要取决于党派中活跃分子和志愿者在游说中所能迸发出的热情或感染力。活跃分子往往处于端点位置，党派向中点靠得太近会挫伤他们游说的积极性。因此，吸引中点投票者的施政纲领会收到适得其反的效果，即它不仅不能提高竞选获胜的几率，反而事与愿违，产生负面作用。在这种机制的作用下，"无处投奔"者的呼吁实际上也是"通过市场"来发挥作用的：收益递减，再进一步向中点靠拢且过某点之后，收益就会变成负值。这和线型

---

* indifferent voters 即投不投都行、投谁都行的投票人。——译者注

市场上的道理是一样的：端点上的消费者履行着向中点附近的客户推销产品的职能，但随着企业向中点移动，渐行渐远，他们推销产品的热情也会越来越低。

在此类众星捧月式观点的辉映下，即使是传统的分析方法也应该能认识到霍特林—唐斯模型的局限性。这个思路也适用于前面已经提到的该模型具有的另一个缺陷：当敌对与愤怒情绪达到顶点时，被"俘获的"会员或是"坐山观虎斗"，或是退出党派，组建自己的组织，总之，他们会全力以赴，不计后果。这里的事实证明，处于端点上的需求竟然也有弹性，而不是像人们过去认为的那样完全无弹性；传统的概念对正在发生的一切也能做出十分完美的解释。[17] 现在，我们可以对问题的症结做一个更明确的表述。如果某党派向中心点移动得过远，处于端点上的投票人就有可能失去权势，他们会图谋使该党派蒙受实实在在的票额损失。这种现象不过是"无处投奔"的投票人拥有权势及试图发挥一般影响力的特殊表现而已。换言之，权势是有的，而可释放的对政党得票额（或企业的利润）的影响力，却既不直接也难以测度。消费者、投票人或党员向企业或党派宣泄不满的方式很多，能使上司们极为难堪的花招也不少；不过，能导致销售额下降或得票额减少的并不多（且并不一定是那些最重要的方式或花招），能引起上司们寝食难安的却不少。[18]

以上的讨论还会引发我们进一步的思考。前面已经指出，不同的组织对呼吁和退出会做出不同的反应，因此，呼吁与退出的最佳组合状态在各组织间也会存在着很大的差异。例如，国有企业因销售额下降而出现资金短缺可以指望国家财政来救济，因此，在达到一定程度时，对呼吁（如消费者抗议，诉诸高层管理当局撤换现任管理者，等等）的反应要远比退出敏感得多。产品质量变化引起了消费者的躁动，有人认为质量下降了，而有人认为是改进了，在这种情况下，企业采用不同的应对措施就会产生有趣的后果。此外我们还假定，当产品质量向某一方位移动时，被激怒的消费者可能转而购买其他企业的产品，因此，变动产品质量的企业将主要面临退出的威胁；若产品质量向相反的方位移动，则被激怒的主要是那些被"锁定"或"俘获"的消费者，呼吁是他们所能采取的主要措施。这样，我们就可以预测企业或组织的"质量变动路径"（quality path）。假定受某些随机性事件的影响，某企业的产品质量接连不断地发生微小的变动。这样，如果企业以回应呼吁为主，那么，被"锁定"的消费者甚为烦恼的产品质量将有望恢复常态，但是，未被锁定或倾向退出的消费者面临的退出问题将迟迟难以解决。

越来越逼近现实的情境可以为政治运动的激进行为提供一个合理的解释。骨干分子往往在这些运动的日常政策形成过程中发挥着较大的作用，原来身居要职的人日渐失去党员和投票人的青睐，大选败北（成为在野党）时尤其如此。因此，与向中点大幅度移动相比，小幅度的移动反而会激怒被"锁定"的骨干分子，更容易招致强有力的抵制，尽管向中点大幅度的移动会促使未被"锁定"的会员和投票人做出退出的决定。我们不难想象，两次选举的间隔期越长，本模型所预示的那些政治运动中的激进主义者就会越发起劲地维护自己的主张，因为有关选举的反思有望对被"锁定"党员的权势施加某种限制。但是，这还不是问题的全部，当组织忠诚概念介入其中时，问题将变得更趋复杂。

注　释

[1]　为简便起见，我们假定这里所讨论的质量变动对成本并没有影响。

[2]　当然，如果从长计议的话，也可以将此看成是追求利润最大化的行为。

[3]　如果顾客消费口味的频率分布（frequency distribution）呈正态分布形状，则追求怨气最小化的企业（discontent-minimizing firm）显然会做出"弃两头，保中间"的选择。即使是放在 A-B 质量线上来考察，如果满足顾客消费口味均匀分布这个前提，则消费者怨气也仍然可以按这种方式来消除；这里，我们假定"消费者怨气"的大小与 A-B 质量线上的实际水平和顾客期望水平之间的差距成正比。A-B 质量线表示"线型市场"（linear market）上的真实差距，这是一个很久以前就已经为人们所证实的特殊案例参见本章注释 [6]。企业在 A-B 质量线上的位置代表着企业产品的质量，企业调整产品质量既会取悦一部分顾客，也会伤害一部分消费者，

这样，就可以用企业在 *A-B* 线针对不同顾客调整产品质量所产生的成本，来测度消费者的不满程度（如果货币的边际效用是相同的）。如果顾客消费口味呈"双峰分布"（bimodal distribution），那么，就必须附加某些条件，才能得出"弃两头，保中间"这个结论。如此一来，*A-B* 质量线上的实际水平和顾客偏好水平之间的差距代表着"消费者怨气或不满"这个假定，就显得似是而非。顾客怨气函数可用下图来表示：据图形可见，*A* 与 *B* 的中点仍然是 *A* 族和 *B* 族怨气总量的最小值。

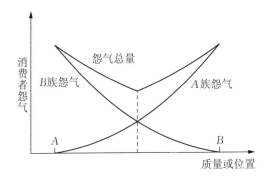

[4]　或一如 O.A. 戴维斯（Otto A.Davis）假定的那样，也可以把它理解为是基于"纯利他主义"（pure altruism）的考虑。参见 Otto A.Davis and Melvin Hinch，"A Mathematical Model of Policy Formulation in a Democratic Society"，in J.L.Bernd，ed.，*Mathematical Applications in Political Science*，Dallas：Arnold foundation，1966，II，pp.175—208。在该论文中，两位作者研究了一个"仁慈的独裁者"（beneficent dictator）是如何使市民们的"效用损失函数"（utility loss function）趋于最小化的，也就是说，他所实施的政策怎样才能最大限度地降低市民们的不满情绪。他们的结论与我基本相同。

[5]　如果我们把质量变动定义为所有的消费者都认为产品质量下降了，

那么，退出和呼吁就会朝相同方向推动企业扭转局面。如果企业采取了修正措施，则随之而来的恢复就是退出和呼吁共同作用的结果。在这种条件下，退出和呼吁完全黏合在一起，我们很难判断谁的贡献大。如果产品质量变动对某些人来说意味着质量改善，而对另一些人来说意味着质量恶化，那么，两种机制的相对作用强度就比较容易检测，原因是如前所述，二者的作用方向是截然相反的。我在本章的末尾还将讨论这一问题。

[6] 参见 Harold Hotelling，"Stability in Competition"，*Economic Journal*，39：pp.41—57，1929。

[7] 但存在着一个重要的区别：两政党的政治角逐结果一经明确，则执政党就会接管全部政权，而在双头垄断条件下，两企业则必须持久地分享市场份额。因此，两政党各居于 1/2 处，可以最大限度地降低公众对施政纲领与实际政策之间差距的不满程度，但是，新产生的政府是两党政治角逐的产物，降低公众对政党的不满情绪与降低对政府的不满情绪是两回事。不过，我们仍然可以这样认为，两党制虽有风险但毕竟含义丰富，胜于那种了无新意的选择。换一种稍许不同的说法：一种情形是有两个政党，某人对其中的一个比较认同，而对另一个则强烈反对，两党在角逐中具有相同的胜负概率；一种情形是只有一个中性党，某人既谈不上喜欢也谈不上憎恶，该中性党派得以长期操持政权；对一般市民而言，前一种情形总是要优于后一种的。戴维斯（Davis）和欣奇（Hinch）忽略了这一点。他们认为，两个候选人各居 1/2 处不过是候选人提名过程的一个结果，在这个提名过程中每个党派只推举自己党派的候选人。就美国的民主制度而言，这与实际情况是高度吻合的。从整个社区的角度看，这个结果并非不可接受；也许就像戴维斯和欣奇的分析所暗示的那样："仁慈独裁者"拟执行的政策是某种最优解。关于这一点，请参见本章注释 [4]。

[8] 斯特里坦在给作者的信中提出了这个名言，库恩又令人信服地挖

掘了它的内在思想。参见 Thomas S.Kuhn, *The Structure of Scientific Revolution*, Chicago：University of Chicago Press, 1962。

[9] Harold Hotelling, "Stability in Competition", p.56.

[10] 阿瑟·斯密西斯（Arthur Smithies）以及 A.P. 勒纳（A.P.Lerner）和 H.W. 辛格（H.W.Singer）曾分别指出，需求要么是在整个线型市场上都具有弹性，要么是越过某一移动成本值域后具有弹性。参见 Arthur Smithies, "Optimum Location in Spatial Competition", *Journal of Political Economy*, 49：pp.423—439, 1941；A.P.Lerner and H.W.Singer, "Some Notes on Duopoly and Spatial Competition", *Journal of Political Economy*, 45：pp.145—186, 1939。阿瑟·斯密西斯还特别提到了他对霍特林模型的修改，以说明共和党和民主党何以在 30 年代突出了意识形态的地位，而在 20 年代末当霍特林提出这个模型时政界的意识形态味道是比较淡薄的。

[11] Anthony Downs, *An Economic Theory of Democracy*, New York：Harper and Brothers, 1956, Chapter 8.

[12] 在审视两党制和多党制其他类型的概率分布方面，唐斯贡献甚多。但是在讨论两党制时，他强调了收敛趋势以及两党定位模糊等问题，因而，实际上是支持了霍特林的原始成果。

[13] S.M.Lipset, *Revolution and Counter-Revolution：Change and Resistance in Social Structures*, New York：Basic Books, 1968. 参见该论著 p.398 及其引用的文献（注 27）。

[14] Robert Dahl, *Who Converse*?, New Haven：Yale University Press, 1961, p.309.

[15] 参见 P.E.Converse, A.R.Clausen, and W.E.Miller, "Election Myths and Reality：The 1964 Election", *American Political Science Review*, 59：pp.321—336, June 1965。

[16] 在那篇论文的最后一段，作者实际上流露出了本结论中的某种观点："极端保守派撰写这些信函的政治动机体现了他们的激进程

度，而这正是共和党代表大会的重要组成部分，它与共和党的一贯领导风格相去甚远，也与普通党员的偏好格格不入。"但除了这段陈述之外，论文自始至终均强调共和党的错误认识，并没有指出某些人的判断失误——那些人曾期望共和党能印证霍特林—唐斯模型。

[17] 本章注释 [10] 提到了勒纳、辛格以及斯密西斯等人所著的两篇文章，他们的观点与唐斯有关联之处。唐斯将这种关联称为"政党的影响类别"或"讹诈的政党"。参见 Anthony Downs, *An Economic Theory of Democracy*, New York：Harper and Brothers, 1956, pp.131—132。当涉及弃权问题时，最近的一项研究表明，对投票结果最具影响力的因素是登记手续的繁简，而不是投票人对候选人的承诺或亲疏。参见 Stanley Kelley, Jr., R.E.Ayres, and W.G. Bowen, "Registration and Voting：Putting First Things First", *American Political Science Review*, 61：pp.359—379, June 1967。

[18] 参见附录 A 的最末一段。

第七章

忠诚理论

前几章已经指出，退出选择会显著地降低广泛而有效地实施呼吁选择的几率。退出会排斥呼吁，换言之，只有退出无门，呼吁才有可能在组织中发挥重要作用。在很多组织中，实际上只有一种机制居于支配地位：一方面，竞争性的工商企业主要靠退出来维持绩效，呼吁很少发挥作用；而另一方面，对诸如家庭、部落、教会和国家等人类原始生存单位而言，退出尽管不是完全不可能，但通常不在考虑范围之内。使自己的呼声以某种方式被感知，通常是个体成员对单位或组织行为方式表达不满的主要形式。[1]

稍微偏离一点儿主题的话，有一种现象也很值得注意。当退出不可行或不予考虑时，驱逐成员的行为往往要受到限定。将成员驱逐出去是组织中的"管理者"限制成员呼吁的手段之一。这样，更高一层的管理者就要采取限制驱逐的措施以约束"管理者"的权限。其中的道理，与垄断者提供公共服务而管制当局要采取一些保护消费者的措施完全相同。但是，当退出之门洞开而呼吁又难以操作时，驱逐成员或消费者就变得毫无意义，因而也就大可不必做出特殊的限定，这与竞争性市场上企业与消费者之间的关系基本相同。在退出与呼吁双双扮演重要角色的组织中，抓一两个"典型"的方法是，先把成员分门别类，然后向既可退出又可驱逐的人"开刀问斩"。政党和一般志愿者协会谙熟此道，是这种做法的最好例证。

激活呼吁使之成为忠诚的函数

导入忠诚概念可以使我们对培育退出和呼吁共栖的条件获得一个更为深刻的认识。忠诚会降低退出的可能性，这一点毫无疑问。但是，它能与此相似地拓展呼吁的作用空间吗？

回答是肯定的。不过，如果回到前几章的讨论中，则答案又变得模糊起来。我们在第三章曾经指出，在退出也是一种选择的条件下，人们付诸呼吁与否的意愿将取决于两个主要因素：

（1）退出是一个确定性事件，而产品质量的恢复是一个不确定性事件，消费者或会员的呼吁意愿要取决于这两个事件的对比或权衡。

（2）要取决于消费者或会员自己对企业或组织影响能力的估计。

第一个因素显然与人们对企业或组织的忠诚度有关。因此，当第二个因素给定时，呼吁的可能性与人们对组织的忠诚度成正比。此外，这两个因素之间并非彼此独立。对产品或组织依附程度较高的成员，通常会寻求某种方式以发挥自己的影响力，尤其是当他认为企业或组织朝着错误的方向发展时，其施加影响的愿望将变得更强烈。反过来说也一样，如果某成员在组织中拥有较大的权势（或是他自认为拥有较大的权势），因而也相信自己具有"拨乱反正"的能力，那么，该成员就很可能对那个组织报以满腔的热爱。[2]

一般的规律是，忠诚可使退出"进退维谷"，从而起到激活呼吁的作用。当然，面临每况愈下而令人痛心的局面，某成员也可以超然物外而一如既往地对组织保持忠诚，但是，如果前景黯淡，没有人挺身而出或借助于某事件而扭转局面的话，"愚忠"行为是不大可能发生的。"我们的美利坚，是对还是错？"如果她一路前行，只做坏事，不做好事，那么，侈谈忠诚就毫无意义。它实际上是暗含着一种期望，即"我们的"国家在做了某些错事之后毕竟还能够回到正确的航线上。这个短句是迪凯特（Decatur）祝酒词的导语——"我们的国家！在与其他国家打交道时，她也许永远是正确的。"迪凯特在讲话中用了一个"我们的"这个词，事实上是聪明地流露出他的"煽动性"或影响力。这种影响和期望暗示了这样一个事实，即一段时期之后，我们的国家会拨正航向，同时，也划清了忠诚（loyalty）和信仰（faith）之间的界线。看看克尔凯郭尔（Kierkegaard）对亚伯拉罕（Abraham）决定牺牲艾萨克（Isaac）的经典解释，我们就会明白，与纯粹的信仰行为相比，忠诚主义者的行为才蕴含着大量的理性思维。

忠诚于何时发挥作用

如前所述，对质量最敏感的消费者或会员在企业或组织绩效衰减时具有率先退出的倾向，而忠诚的重要作用就在于它能在一定范围内减缓或中和这种趋势。第四章已经指出，这种趋势使业已步履蹒跚的企业或组织失去了纠正错误和渡过危机的最佳帮手。在忠诚机制的作用下，由于相信（或更准确地说，是一种理性的预期）自己的企业或组织迟早会"柳暗花明"，潜在的、最有影响的消费者或会员将会乐于与企业或组织"厮守"更长一段时间。因此，忠诚并不是一种非理性行为。与没有退出障碍的情形相比，它能在全社会范围内起到阻止衰减、避免问题成堆的良性作用。

一如上面所说，忠诚所形成的退出障碍有一个上限，这与保护性关税的壁垒差不多。对幼稚性工业施以保护性的关税通常是被认可的，因为这可以使地方产业获得成长机会。忠诚也具有类似的作用，它能为企业或组织恢复绩效提供一个缓冲空间。为退出制造某些特殊性的制度障碍是无可厚非的。因为它能够激活呼吁，使衰减而有望恢复的组织不至于因无障碍的退出而过早地夭折。离婚程序之所以如此复杂，之所以要投入必不可少的时间、金钱和精力，原因也似乎尽在于此，尽管在多数情形下这并不是人们蓄意而为的。在美国，一个工会组织作为一个全权注册谈判代理人接收另一个工会的成员时，其手续既繁琐又费时，劳工法的目的也在于为转会设立某种障碍。这样，即使工会成员对现有工会组织的服务深感失望，但由于转会过程冗长而繁琐，他们很可能转而对自己所属的工会实施某些复兴措施。

应具备什么样的条件，特殊性的制度障碍才能发挥阻止退出的作用，或当这种制度性障碍缺位时，另一个通常的、非正式的忠诚障碍能发挥作用或值得我们刻意寻求？前述有关退出和呼吁这两种选择的讨论为我们研究这个问题提供了可能。有关讨论表明，在权衡退出与呼吁时，后者经常不敌前者，其原因未必在于前者的效果好而后者的效果差，而是因为后者的效果要取决于是否能找到一些新的作用和施压方式以敦促绩效恢复。从事后看，已采用的那些新方式可能唾手即得，但在事前，其应用的概率却可能被大大低估。创新与始料不及总是相携而至。忠诚能提高退出的成本，从而矫正呼吁与退出之间的失衡。因此，它能推动人们采取大胆而富有新意的行为选择，使人们藐视困难而非畏葸不前。我在其他场合也描述过，藐视困难这只"暗藏的手"是如何以这种方式发挥良性作用的。[3] 因此，不论在什么条件下，只要退出虽唾手可得但并不能发挥应有的作用，而呼吁效应又离不开高度的社会创新时，忠诚或特殊的制度性障碍就会对退出起到独特的阻止作用。这是第一点。

第二，忠诚的有效性还要取决于替代品的可求程度。当两个竞争性企业的产品价格和质量相去甚远，且其中的一个企业正渐渐衰退时，退出将给呼吁留下较大的作用空间。因此，在这种情况下，以忠诚阻止退出的意义并不大。但是，如果两个组织的产品价格和质量十分接近，以致一个组织的绩效稍有衰减消费者或会员就急不可耐地投向其对手的怀抱，则忠诚就会对阻止退出发挥积极的作用。这个结论多少有些出人意料。说起来有几分自相矛盾，当忠诚是一种非理性行为时，它才能发挥最大的作用，也可以说，当人们对甲组织具有强烈的依恋情结，但由于乙组织也具有相同的魅力值得一诉衷肠，致使人们对甲组织的恋结不甚牢固时，忠诚才能发挥最大的作用。譬如，在俱乐部、足球队和政党中，我们可以经常遇到这种看似非理性的忠诚行为。尽管我们在第六章曾经论及，两党制中的政党很少像某些预期那样互相逼近或模仿，但这种趋势却时有显露。两个政党间的差距越小，固执的党员就会越发显示出率直、无理性甚至愚蠢的忠诚；情形越是这样，忠诚便越能发挥作用。但是，一个人对国家的忠诚可能不在此例，因为国家被视为是具有明显区别的"产品"。由于通信的进步和现代化程度的全面提升，国与国之间可能相互模仿，只有这时，才会出现过量而草率退出的风险。人才流失现象即属此例。此时的忠诚就像一块试金石，于我们的民族是大有益处的。此外，还有一些国家由于历史、语言、文化一脉相承而具有极大的相似性；与地理上处于隔离状态的国家相比，忠诚在彼此相似的国家中将扮演更重要的角色。我们在第五章所援引的南美与日本的比较，就蕴含着与此完全相同的道理。

第四章曾经指出，当优质优价产品唾手可得时，消费者有可能选择退出从而失去对企业的影响力，这说明，忠诚是相对的。如果产品或组织的质量、声望及其他应予考虑的特征能在同一条纵向线段上高低有序地排列，则与处于上端的消费者或会员相比，处于分布密度较高的下端群体将显得更离不开忠诚和统一意识。有证据显示，美国社会中的"后进群体"（"left behind" groups）对忠诚往往垂爱有加，放在国际视野中考察，则第三世界国家的国民具有与此相似的特征。下一章的论述将表明，一个与此相反的结论是，对卓有声誉的组织和团体而言，消费者或成员忠诚度的降低反而会使它们受益。

忠诚者的退出威胁

忠诚是退出与呼吁抉择过程中的一个关键性概念。一方面，是因为在忠诚的作用下，消费者或会员可能在企业或组织中多驻留一段时间，从而使人们以更坚定的态度和更高超的计谋来落实呼吁行动；另一方面，是因为忠诚本身还孕育着"背叛"（disloyalty），就是说，还可以选择退出去。就像世间若没有邪恶就不会存在善良一样，如果消费者或会员与一个企业、政党或组织的隶属关系永远都是铁板一块的话，则奢谈忠诚便毫无意义。忠诚能阻滞退出，恰恰在于它昭示了"夺路而逃"的可能。一个最忠诚的会员情急之下也同样可以选择退出，通常是他形成与组织谈判力的重要组成部分。如果有退出威胁"站在"呼吁的背后——明火执仗地要挟也好，或仅仅被当事人感知也好——呼吁作为一种恢复机制能够有效运作的可能性就会大大提升。

在忠诚情感缺失的情形下，除了搜集有关替代品或其他组织的信息费用外，退出本身是没有其他成本的。此外，一如前面指出的那样，如果没有忠诚情感掺杂于其中，则成员们就很可能低估自己对组织的影响力。因此，退出决策的形成和实施就会悄然进行。忠诚主义者关注企业或组织的发展，因而，通常是挥舞威胁"棍棒"的主体；退出或改换门庭对他们而言是一个痛苦的选择，除非是机关算尽，决不会轻易离去。

退出与呼吁的关系现在变得越发扑朔迷离。前面的讨论已经表明，实施退出行动的障碍越小，则采取呼吁的可能性就越低。不过，现在的结论好像是，退出的可能性反而会强化呼吁机制的效应。一方面，退出会降低人们培育和实施呼吁机制的意愿，但另一方面，它又具有提升呼吁效应和能力的作用。值得欣慰的是，这个矛盾并不是不能解决的。综合起来说，这两个命题只不过是更详细地阐明了求诸呼吁及其有可能发挥效应的条件：不应当排斥退出的可能性，但某组织的绩效衰减一发生，就不应当使退出易如反掌或具有较强的吸引力。

我们可以用政党对其成员呼吁的回应程度来解释对这个命题的修正。独裁的一党制对成员的呼吁置若罔闻，臭名昭著，而这种情形在多党制中却很少发生。在一党制中，呼吁和退出没有用武之地，因此，不管谁主持党务工作，都能绝对地控制政党的运作。而在多党制中，其内部民主制度却鲜有获得发展的机会。因为退出与呼吁唾手可得，是完全自由的；而党派又很多，当成员对现有的党派不满时，通常总能找到另一个有吸引力的党派投奔。因此，成员会放弃"从堡垒内部改革"的努力。就这一点而言，米歇尔斯（Michels）所称的"寡头政治铁律"（Iron Law of Oligarchy）是极富深刻寓意的。该定律指出，所有的党派（以及其他大型组织）都是一成不变地由自私自利的寡头政治来统治的；我们对欧洲大陆多党制的直接感知是形成这一定律的基石。如此说来，只存在着几个政治党派，彼此间的立场虽有距离，但又不是完全不可沟通，也许是构建政党因应成员情感的最可行的制度安排。在这种情境中，退出是可能的，但做出退出决策的心境并不轻松。这样，呼吁就会成为一种因应组织行为方式不当的常规性措施，成员也会尽己所能地使呼吁产生卓著的效应。在现存的两党制度中，不管两个党派离真正的民主差距有多大，其活生生的内讧特征都佐证了上述理论的预见性。即使在接近于一党制但却不很专横的党派制度中，如印度的国大党（the Indian National Congress）和墨西哥的 PRI（Partido Revolucionario Institucional），呼吁手段也远比独裁式的或寡头式的多党体制更常见。[4]

在两党制中，之所以产生退出行为，一方面是因为党派中的某一成员或某一群体可以投向另一个政党的怀抱，另一方面是因为这些人还可以自立山头，另外成立一个政治组织。因此，如果能给成员们一个公道的尝试呼吁的机会，则组建新党就不至于过分容易。就一般情形而言，现存的两党制及其运作传统恰恰满足了这个条件，阻止第三政党成立的制度性障碍也起到了这样的作用。从另一方面看，如果呼吁机制能有效地发挥作用，则退出威胁就不是儿戏，当这个威胁至关重要时，就更不能等闲视之。在美国总统选举过程中，这一组实现呼吁效应最大化条件的含义是，某一组成员在提名大会召开前应当始终与某政党"厮守"在一起，但在提名大会结束和大选开始前这段时间仍具有组建新党的能力。如果在提名大会召开前组建新党的要求条件较高、难度较大的话，则对现有政党不满的成员不外乎有两种选择：要么是在大会召开之前选择退出，要么是由于退出威胁不具"杀伤力"而选择参加大会。条件苛刻使退出选择化为泡影，但这反而强化了呼吁的作用和可能；否则，就会发生过早的退出，呼吁的效应也要打折扣。A. 比克尔（Alexander Bickel）曾对此做过精彩的论述：

> 在美国，有特色的第三政党……是由这样的一群人组成的：他们曾试图在某一较大的政党内发挥影响作用，但失败了，尔后便选择了在党外活动。有些州资格认定日期较早，目的在于敦促这些群体抢在主要党派预选和预备提名之前采取行动，并在大选之年较早地组建独立组织。否则，他们将失去日后组建新党的机会。[5]

作者又补充说，从维护两党制运作的角度看，此举无助于实现预定的目的；从某政党通过最佳的退出与呼吁组合以回应成员不满从而达到既定目标的角度看，也可以得出相同的判断。

上述讨论支持下面这两个结论：（1）制度设计细则对维持退出与呼吁之间的均衡是十分重要的。（2）这种均衡又有助于解释为什么不同的组织内部会存在着不同程度的民主。

联合抵制

与退出威胁一样，联合抵制（boycott）是介于退出与呼吁边界上的另一种现象。在联合抵制的作用下，退出不再仅仅是一种威胁，它实际上已经达到了一种完美的境地。不过，其目的仍在于变革受抵制组织的政策，只不过是更加具体和明确而已，因而，是两种机制的真正混合体。这时，退出威胁作为一种呼吁手段已经被自己的翻版所替代，成为一种再进入承诺。其含义是，一俟导致联合抵制的问题获得了某种程度的解决，则消费者或会员就会回到原来的企业或组织。

联合抵制通常是消费者手中的一个武器。他们惯常所消费的产品或服务至少在抵制期内是无可替代的，这是一种临时性的短缺，是可以忍受的。由于消费者无处投奔，此类退出也是临时性的，与罢工一样，可谓两败俱伤。就这一点而言，联合抵制兼具退出与呼吁的双重属性：作为退出，它使企业或组织蒙受了一定的损失；作为呼吁，它又使消费者或会员付出了时间和货币成本。

忠诚行为模型中的要素构成

如果存在着两个竞争性的物品或组织，忠诚是怎样影响消费者或会员的选择呢？通过建立一个更为正式的模型来回答这个问题，也许是十分有益的。为了回答这个问题，我们还是回到原来的假定中，即消费者购买的产品或会员所隶属的组织已经出现绩效衰减的苗头。但我们把焦点对准组织及其所实施的政策，而不是对准企业及其产品。这样一来，质量下降的定义就必须用某些主观性的判断来重新界定：从会员的角度看，质量下降与对组织政策不满程度的升高具有相同的含义。

在图 7.1 中，横轴代表组织的质量，横轴的右端表示对组织的政策完全赞同，左端表示完全反对，其运动方向是从右到左；纵轴代表有效呼吁的数量，其高低多寡依成员的不满程度而定。

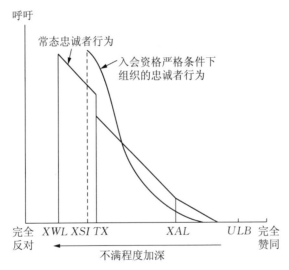

图 7.1　对组织不满程度日渐提高条件下的忠诚者的行为

当组织的质量从右向左滑落到某一点时，成员们将尝试着施加影响作用以改变或扭转这种滑落趋势，而且，随着不满程度的加深，成员们施加影响作用的力度也将变得越发强烈。当组织质量滑落到点 *XAL* 时（*XAL* 是 eXit in the Absence of Loyalty 的缩写，即无忠诚心态下的退出），无忠诚意识的会员也许会选择退出。这时，忠诚将扮演着一个滞缓退出决策的角色。忠诚的会员虽不会退出，但变化还是有的：他开始对情势的持续恶化感到阵阵担忧，就像德国共产党党员对党的方针路线不满而害上了"眩晕呕吐症"或"心里直犯嘀咕"（*Bauchscbmerzen* 或 bellyaches）一样。在这种情形下，忠诚的会员通常会愈发努力地尝试着修正组织的大政方略，而且，也会尽力采用不同形式的呼吁来达到这个目的；因而，如图 7.1 所示，呼吁函数在此处形成了一个拐点，其后，曲线的形状开始变得陡峭。随着不满程度的进一步加深，即组织质量滑落到点 *TX* 时（*TX* 是 Threat of eXit 的缩写，代表退出威胁），成员们就会想到退出并以此作为要挟手段，以达到提高呼吁效应的目的。退出威胁意味着行将增大的呼吁会出现断层，这是呼吁函数在 *TX* 点之所以呈垂直形状的原因。最后，组织质量滑落到点 *XWL*（*XWL* 是 eXit With Loyalty 的缩写，代表忠诚者的退出），这是忠诚情感破碎点，忠诚者也纷纷退出。点 *XAL* 与 *TX* 或点 *XAL* 与 *XWL* 之间的距离代表着忠诚"套牢"消费者或会员的力度。这两段距离界定了两种不同程度的忠诚。*XAL* 与 *TX* 之间的距离代表着未有退意的忠诚，即尽管成员对组织质量已经极为不满，但退出选择仍被完全排除在外，这适用于很多基础性的组织。*XAL* 与 *XWL* 之间的距离反映了忠诚主义者的行为，是一个含义极为丰富的概念。*TX* 与 *XWL* 之间的距离表示质量衰减区间。在这个区间上，成员们有些举棋不定，他们既想退出，又觉得应该以此为要挟手段，从而达到修正组织政策的目的。在某些情形下，退出威胁（即 *TX* 与 *XWL* 之间的距离）是一种极具杀伤力的武器。与忠诚行为的整个区间（即 *XAL* 与 *XWL* 之间的距离）相比，退出威胁是组织质量衰减过程中决定有效呼吁总量大小的主要因素。

在这个模型的帮助下，我们可以对忠诚者的行为作进一步的思考。假定某人已经退出（从企业里退出通常意味着消费者将购买另一个企业的产品；从组织里退出则仅仅意味着由会员转为非会员），他退出后原企业的产品或组织质量已经开始回升。我们现在所关心的问题是：组织的绩效恢复到什么程度时，消费者或会员才会选择再进入？当组织绩效恢复到点 *XWL* 时，消费者或会员是不会选择进入的，因为他正是在这一点上选择退出的。由于在点 *XAL* 和 *XWL* 区间上感到很痛苦，因此，即使企业或组织的绩效目前已见恢复，但他仍将驻足观望，至少要等到绩效回升到点 *XAL* 时才会考虑再进入，这是他当初对原企业或组织感到忧虑的时点。但这次，他要留有充分的余地，对质量的要求也许更高，以免初见回升的质量再度滑落，使他又害上了"眩晕呕吐症"。在很多情形下，整个衰减过程也许给他留下了深深的伤痕，以致他也许永远都不考虑再进入的问题。因此，退出点与再进入点是远不相同的；二者间的差距若能测度，我们就会找到另一种衡量人们对不同企业或组织忠诚强度的方式。

如果将上述模型中的质量不断衰减和回升过程与金融资产价格的涨落作一个比较，则忠诚者的行为与那些朴实的、小额投资者并没有明显的区别。后者为了避免进一步损失，通常是在股票价位较低时卖出，价位较高时再买进，买价比卖价高出一大截。但忠诚者并不一定非得像小额投资者那样"扎空"[*]；忠诚者与企业或组织厮守在一起有助于提高其绩效恢复的可能性。只有当企业或组织的绩效未能恢复时，忠诚者才会变成一个"扎空"者。不过在这种情形下，忠诚行为模型所暗示的绩效恢复已经一去不返，忠诚者赌局告负。

对经济学家而言，另一个值得关注的兴趣点是，传统的需求曲线是依照价格（或质量）与购买数量之间的一一对应关系来确立的，但这里所描述的忠诚模型打破了这种一一对应关系，使需求成为两条不同的曲线。当忠诚支配型的产品由初始衰减走向回升时，共形成两条需求曲线：一条是随着产品质量的下降向下方倾斜，其初始需求弹性较低，但随着产品质量不堪忍受忠诚者纷纷退出，其需求弹性亦随之升高；另一条是随着产品质量的回升向上方倾斜。在产品质量回升期，其初始需求弹性较低，但随着产品质量的改善及消费者信心的稳定，需求弹性终将变得越来越

---

[*] "扎空"系股市术语，指投资者低价卖出而后又高价买进。——译者注

高。[6] 由于预期惯性和滞后作用，需求不仅是当前购买数量的函数，而且从某种程度上说，也是过去购买数量的函数。这一点是千真万确的。企业或组织过去的绩效将对消费者或会员的当前行为产生一定的影响，而忠诚会进一步强化这个影响作用。

上述观察会诱使我们引入另一个概念，即无意识的忠诚行为。退出与再进入的时点并不吻合，与心理学家们的试验描述是极其相似的。在序列投影试验中，先向受试者投放一个类似猫的影像，然后再逐步地转化为狗的影像，随后再按逆时针方向重复投放这个影像系列，受试者的眼睛似乎总是"忠诚"于最先投放的影像。心理学试验的结论是，当投影顺序是从猫到狗时，则人们的印象多半会打上"猫"的烙印，反之，则会打上"狗"的烙印。[7] 因此，在绩效衰减时期，是消费者或会员当初的背景使无意识忠诚者难以看到企业或组织的变化，而在绩效恢复时期，他们又迟迟不肯进入或再进入。[8] 从定义上看，既然无意识忠诚行为（unconscious loyalty behavior）感触不到不满情绪，因此，它不会导致呼吁。点 ULB^* 是无意识忠诚行为的起点；而站在局外人的角度看，从这一点开始，就应当对现有的衰减实施呼吁或退出措施了，而消费者或会员对此却浑然不觉。

上述模型对考虑忠诚行为的某些变量是大有用途的。

---

* unconscious loyal behavior, 是这三个单词的缩写，参图 7.1。——译者注

入会标准严苛及退出成本较高的忠诚者行为：一个
改动的模型

　　迄今为止我们一直对忠诚行为持一种欢迎态度。因为它能延缓退出，强化呼吁，使企业或组织避开大规模或过早的退出。然而，一如我们前面已经指出的那样，在有些情形下，忠诚并不具有如此神佑般的作用。支持忠诚行为的种种制度设计并非旨在改进呼吁与退出的组合；如果这些制度收到了支持忠诚行为的效果，那一定是"人类不经意之间的一个杰作，而不是蓄意设计的结果"[9]。

　　对社会学家来说，若能找到这种潜在的、非蓄意而为的和谐关系*，将永远是一件令人惬意的事情。不过，我们也应当找一找那些不够和谐的场面。就目前的情形看，碰到非优化或不和谐场面的机会可谓比比皆是。忠诚者过于忠诚，以致在退出—呼吁组合中退出反而被不恰当地忽视了，也是完全可能的。从另一方面看，还必须认识到，支持忠诚行为的制度设计不仅不能以牺牲退出为代价而促进呼吁，反而经常在阻止退出的同时也抑制了呼吁。尽管来自退出和呼吁的反馈从长期看符合企业或组织管理者的利益，但从短期看，却会将管理者保护起来，提高了他们恣意

---

* 指制度设计与退出—呼吁组合之间的关系。——译者注

妄为的自由度，使他们能尽可能地回避会员的抱怨或退出的困扰。因此，我们断难指望管理层能设计出一种退出与呼吁相结合的制度安排，尽管这种结合从全社会的角度看是合人心意的。

进入组织的费用较高而对退出的惩罚又很严厉，是生成或强化忠诚的主要手段，但这种做法或是打压了退出，或是削弱了呼吁，也可能是退出与呼吁双双受到了抑制。那么，这些手段是如何影响上述忠诚行为模型的呢？无意识忠诚行为概念对于我们研究这一问题是十分有用的。如上所述，此类忠诚行为不仅不能引发呼吁，而且，由于与其他类型的忠诚行为并无二致，还会起到推迟退出的作用。因此，压制成员退出和呼吁的组织对它持欢迎的态度。可以这样说，此类组织很乐于寻找某种方式，以期将成员们的有意识忠诚行为转化为无意识忠诚行为。

由于消费者或会员在认知组织绩效下滑或产品有瑕疵的过程中颇费思量，做出某些自欺欺人的姿态也许利害攸关，这使得有意识与无意识忠诚行为之间的界线有时显得并不十分明晰。如果某人在所购产品或会员资格方面投入较多，则他更倾向于掩饰此类行为。因此，在进入费用较高或入会资格审查较严的组织中，成员们将难以及时觉察到绩效衰减现象的出现，呼吁行动也相应地滞后。出于同样的原因，即或已经感知到了绩效衰减的迹象，但由于入会门槛较高，成员们也必将千方百计地想证明，他们为此而支付的高昂入场费是完全价有所值的。因此，在入会标准较高的组织中，呼吁行动虽姗姗来迟，但一经付诸实施，却可能远比常态组织中忠诚者的行为方式更为激进。入会成本较高使呼吁行动的实施时点发生了变化，但呼吁总量未必减低。[10]

这个发现意味着，要对认知失调理论（the theory of cognitive dissonance）进行某种修正。该理论通常表明，当人们的行为与信仰难以统一时，为了使认识和信仰能与有偏差的行为相互和谐，人们往往会修正现有的认识与信仰。在上面的例子中，交付了较高的入会费是该理论所称的行为；一如一个知名的试验所表明的，加入其中后组织活动单调乏味的属性是这里所称的认知。该理论模型的预期是：入会的资质越严格，会员们自欺欺人的心态就越严重，即组织令人厌倦的绩效就越发令会员们神魂颠倒。这一点已经在实验中获得了印证。[11] 现在我们假定，会员们自欺欺人的心态不能够无限膨胀，而且，由于会员们的积极主动，令人生厌的组织表现也可能变得富有情趣（这一点更重要）。如此一来，上述试验的思想火花就会点燃一个新的预期前景：入会条件较高组织中的会员将更富有积极进取精神，在历经了最初入会的喜悦和恭顺之后，他们将比常态组织中的成员显得更为激进。因此，失调状态不仅能改变人们的信仰、态度和认知，而且，如果某种替代方式（尤其只存在一种替代方式时）能排除或降低失调状态时，它还能构想出改变现实世界的种种行为。[12]

斯坦福大学的 P. 津巴多（Philip Zimbardo）教授和他的同事

们将要对这个假定进行实验性的检验。[13] 在实验结果尚未问世之前，我们借助于某些散见的历史证据来阐述这个问题，也许并不违反学术规范。"革命如农神，自噬后来人"(revolution, like Saturn, devours its own children)，是一个广为流传并被充分验证的一个格言，我们就以此为例。这一格言的内在原因现在是很容易理解的：在"闹革命"时，革命者已经付出了很高的个人代价，如抛头颅，冒风险，矢志不移。革命成功后，一个很可能产生的问题是，已建立的国家与预期的国家存在着一定的差距。为了消除这个差距，在创造新世界过程中付出最高代价的人们最具有使之面目一新的动力。在这个过程中，他们将与那些掌权的革命同仁进行较量，一方或另一方或双方的很多革命同仁将在随之而来的斗争中蒙受不幸。

另一个取自美国历史的相似例证，将在第八章阐述。[14] 支付高昂的入会费不但不能使人保持沉默，反而有可能使呼吁表现得更为坚定和率直。还有一种可能是，当成员们对组织的绩效衰减再也不能熟视无睹时，退出也许已经成为回应突发腐败的唯一抉择。因此，入会条件较高到头来既可能引燃退出，也可能诱发呼吁。[15] "你要是能拔腿就跑的话，那么，你也一定能保持原地不动。"这句话出自 E. 埃里克松，用在这里也是十分贴切的。我们在论及质量敏感型消费者可能采取的行动时[*]，已经引用过这句

---

[*]　参见第四章，p.41。——译者注

话。再度引用此语并不是一种巧合，因为高昂的入会费一定会驱使人们更为关切质量问题。

当组织能迫使成员支付较高的退出代价时（要高于因退出而放弃的入门费），上述忠诚模型还会产生另一种变化。此类退出代价小到终身不得再度加入组织，大到丧失生命。中等程度的惩罚包括驱逐出组织，恶意诽谤，剥夺其谋生手段等。组织对退出能施行严厉惩罚的现象在传统的人类群体中最为常见，如家庭、部落、宗教、民族等；较为现代的，如帮派、独裁的政党等。[16] 以退出相威胁是成员手中所握有的一柄利器，如果一个组织能对退出施以严厉的惩罚，那它一定会拥有对付这柄利器的手段。如果退出会招致严厉的制裁，则退出的想法就会受到打压，而且，由于担心威胁行为也会受到制裁，所以，没人敢发出威胁的声音。在图 7.1 的模型中，点 TX 将会向左移动，也可能完全消失，就是说，它会与点 XWL 相重合，而点 XWL 是忠诚者的退出时点。当然，点 TX 本身也许会自行向左移动，因为入会条件较高的一个主要目的就是为了延缓退出。与既想自动地博取成员的强烈忠诚度而又无力或不情愿对退出实施严厉惩罚的组织相比，在绩效持续衰减时，退出的时点虽不会延后，但跳过威胁阶段将是成员行为的主要变化特征。

退出代价较高将对呼吁产生怎样的影响？我可以在此提出几点尝试性的看法。一类组织退出成本较高，但进入成本为零（例如，家庭和国家，某人一经出生便自动加入）；一类组织退出成本较高，但进入成本也高。我的看法是通过区分、比较这两类组织而形成的。前面已经指出，对后一类组织而言，绩效衰减的感知以及呼吁行动的发端都会被延迟。另一方面，退出成本较高使退出威胁——一个呼吁的有效手段——难以发挥作用，因而，此类组织（如帮派、独裁政党）既能打压退出，也能阻止呼吁。在这个过程中，两种恢复机制都不能发挥应有的作用。[17]

但对家庭、国家等传统的人类群体而言，情形就会大不相同。这些组织的退出代价较高，但进入成本为零。在这些组织中，与生俱来的进入权为呼吁的产生提供了温床，因而，可以弥补几无退出威胁的不足。就其本身而言，退出代价过高或根本不可行不仅不会压制呼吁，反而会起到鼓励作用。也许正因为如此，传统的群体虽然只对退出加以限制，但却比那些既限制退出也限制进入的组织更具有生命力。

忠诚行为与退出公益（公害）品[*]的难处

尽管对所加入的组织并不称心但仍不肯轻言退出，是忠诚行

---

* public goods，有时译为公共品，有时译为公益品，其含义是相同的。称公共品时对应私用品，称公益品时对应公害品（public evils）；当不与公害品相对应时，一律称为公共品。——译者注

为的一个特征。当忠诚行为介入其中时，退出特征会出人意料地发生某些变化：敏感的消费者"另攀高枝"的选购行为在先前看来是完全理性的，是值得称赞的；但现在，却被看成是背信弃义，是临阵脱逃，是投敌叛国，是一种可耻的行为。

我们可以把以上所讨论的忠诚行为看成一个抽象化的退出惩罚概念。此类惩罚也许是直接的，但在多数情况下却都被予以内部化了。个体成员认为，尽管组织没有对退出做过具体限定，但离去的代价十分高昂。因此，在这两种情况下，虽面临上乘选择但成员不轻举妄动，说到底还要取决于个人潜在收益与成本进行充分的理性比较。但是，忠诚行为赖以发生的方式却显得有几分不合常理。在权衡是不是退出某组织时，成员们（特别是那些具有较大影响力的成员们）主要担心退出后组织的绩效会雪上加霜，其次才会考虑因退出而蒙受的道义和物质损失。

这种行为与第四章的相关讨论是背道而驰的。因为我们在该章曾经指出，最具影响力的成员在某些条件下往往会率先选择逃逸。本章之所以会得出相反的结论，是因为我们引入了一个全新而又不太常见的假定：即使成员已经退出，但他仍继续关注组织的活动和"产出"行为。但是在多数消费者与企业、成员与组织间的关系情境中，此类假定并不成立。如果我对自己通常所购置的肥皂感到不满并考虑换一个牌子消费，那么，我并不会虑及此类行为会不会恶化原来肥皂的质量；况且，既然已经不买那种肥皂了，"春来春去不相关"，谁还在乎它? [18] 借助于这个反证，我们可以勾画出这个特殊的忠诚行为赖以成立的两个条件：

一是，成员退出将使组织产出的质量进一步恶化；二是，不论是否退出，成员们都关注组织绩效的恶化态势。

第一个条件意味着，产品质量与消费者人数及销量具有一定的关系。这样，消费者或成员退出就会降低产品质量，而质量降低又会进一步削减需求数量；依此下去，一发而不可收，是一个典型的非稳定均衡，是默达尔（Myrdal）所称的循环累积（cumulative sequence）。这时的消费者或成员是产品质量的"制定者"（quality-maker），而不像在完全竞争条件下，是产品质量的接受者（quality-taker）。消费者成为价格制定者而不是价格接受者的条件，与垄断和垄断式竞争理论所介绍的较为相近，但两者间难以思议的关系，却让经济学家产生了强烈的震撼：在常态的价格制定者的条件下，消费者退出（需求曲线向下位移）使产品价格有所下降，产品质量获得改进，原因是供给变得相对过剩。但在本章的例证中，情形却完全相反，"买主"即质量制定者的退出导致了产品质量下降。原因在于，此时的"买主"也是组织的一个成员，他既是组织产出的生产者，也是组织产出的消费者，事实上，与供求双方都有联系。因此，如果对组织最具影响力的成员对产品质量比其他成员更为敏感（这是很可能的），则产品质量哪怕是出现了些许下降，他们都将做出退出选择；如是，则产品质量将进一步降低，退出的成员会进一步增多，循环不已。

在这种情况下，一则由于忠诚行为的介入，二则由于成员们意识到退出可能产生的后果因而持裹足不前的态度，避免了完全非稳定状态的出现。换言之，如果成员们意识到了退出的危害，则非稳定状态就不会出现。但是，一个很实际的问题是，成员们为什么会关注自己的退出行为对组织质量的影响，以致组织潜在的绩效下降使成员们对退出持裹足不前的态度呢？对此，一个合理的解释是，即使成员退出后，他仍对组织的产出或质量比较在意。换言之，全然退出是不可能的。从某种程度上说意味着，尽管某人已决定不再购买某一商品，但他仍然是那种商品的消费者，尽管某人从表面上看已经退出了某个组织，但他仍然是该组织的一个成员。

我们仍然可以援引公立学校和私立学校之间的竞争形态来解释这个重要属性。家长们把子女从公立学校转往私立学校也许会进一步恶化公共教育的质量。如果意识到这一后果，或是出于综合福利的考虑，或是重新估算了一下私人教育的成本与收益，家长们也许会中止原来的转学决定。从综合福利看，家长及其子女的生活都要受社区内公共教育质量的影响；从私人成本看，如果公共教育质量下滑，则子女升入私立学校接受教育的成本就会高得离谱儿，转学的决定便应重新审视。

经济学家区别私用品和公共（或集体）品的标准，与上述讨论是直接相关的。公共品是可供某一社区、某一国家或某一地域的成员共同消费的物品，某一成员对这一物品的消费或使用对其他成员的消费或使用并无影响。比较典型的例子是防范犯罪、国防，以及人可共享的来自公共政策的成就，如较高的国际声望、较高的教育水平、公共医疗等。人人可以消费，只要身居其中就免不了此类消费，是公共品的一个显著特征。因此，既可以称之为公益（共）品，也可以称之为公害品（public evils）。公害品并不是指人们普遍认为的公益品的短缺，而是指对某些人来说是有益的东西，如大量的警犬、原子弹，但对同一社区的其他人而言却无异于公害。想把公益品想象为公害品并不难，例如，如果一个国家的外交政策和军事态势咄咄逼人，它就有可能从国际声望的巅峰跌落到臭名昭著的深谷。从本书所涉及的绩效衰减以及由此产生的呼吁或退出的角度看，公益品有可能转化为公害品，是很有特殊意义的。

在某些条件下，消费者或成员并不能真正地退出；这种退出可能只是局部的，因为他们还必须虑及此类行为有可能使产品或组织的质量进一步下降。公共品概念使这种退而未退的行为变得容易理解。真正难以理解的是，一旦引入公共品概念后，为什么即使是局部退出（partial exit）也成为可能了呢？

事实上，某公民将子女转往私立学校，就意味着他已经"退出"了公立教育体系,但同时也可以说,他并没有完全退出这个体系:因为他和子女的生活还要受社区内公立教育质量的影响。对消费者来说,很多私有物品状若既可以购买也可以拒绝;但由于这些物品也具有公共品的特征(经济学家经常称之为外部性),其他人对这些公共品的生产和消费行为也会影响、提升或降低社区内全体成员的生活质量。对可交易的商品和服务而言,此类现象也许并不常见,也不重要,但就组织与成员的关系而言,这可是一个极为关键的特征。如果我对一个组织(如某一政党)不以为然,那么,我可以退出该组织,放弃自己的组织成员身份,但在一般情形下,我的社会成员身份并没有发生变化,而那个组织或政党仍然在我所置身的社会中从事活动。如果我参与了一项外交政策的制定过程,而且对该政策持反对意见,那么,我可以辞去官方职务。但是,我的国民身份并没有发生变化,我的国家仍然执行着令我日益忧心的外交政策,我的郁闷与不快并没有烟消云散。在这两个例子中,政党和外交政策都是公共品,介入其中的个体成员最初既是这些物品的生产者,也是这些物品的消费者;他可以中止他个人的生产者身份,但仍是这些物品的消费者。

因此,理性地勾画出一幅忠诚行为的全新图景是完全可能的。迄今为止,我们一直把退出倾向(propensity to exit)作为一个递增函数来看待,它随着人们对产品质量或政党路线的不满程度的提高而递增。这与常识是吻合的（与需求理论也是吻合的）。现在我们可以证明，二者间的关系既可能保持不变，也可能完全颠倒过来。在公共品的例子中，无论绩效衰减程度处于何等水平，成员都可以做一个比较。这个比较是这样进行的：作为组织中的一个成员，他不仅难以获得应有的效用，还要蒙受羞辱与不快；如果他退出组织，绩效将进一步衰减，作为一个非组织成员，他自己以及大到整个社会将为此蒙受什么样的损失呢？如果这种潜在的损失能够避免，那么，它就是忠诚行为的收益；如果这种收益随着潜在损失的增加而升高，则成员退出组织的动力就未必随着绩效衰减程度的加深而增强，当然，留在组织中是一件越来越不快活的事情。随着衰减的加深，组织的公害程度也在不断地提高甚或达到了一个不堪忍受的水平，这时，怨恨与不明所以的忠诚度也达到了极点。接下来，就像我们前面所推断的那样，不能退出的时滞越长，退出决策就越发难以形成。必须与组织相守一处以免局势糟糕透顶的信念，自始至终都是在不断强化的。

就一般情形而言，此类推理是"事后诸葛亮"，是一种机会主义判断。然而，即使不情愿，我们还是得承认，当一个组织能最大限度地成比例地分配公害品时，此类"绩效越差就越难以退出"的忠诚行为将能发挥十分重要的作用。这也是当今世界比较有权势国家的一个典型特征。这些国家的方针大略越荒谬、越危险，我们就越有必要测度一下"软骨头"与开明决策人所占的比重，以便将一部分开明者留在体制内，于致命的潜在危机爆发时发挥影响作用。稍后，我们还将论及，在此类境况中"软骨头"过剩有可能使我们蒙受更大的损失。不过，值得注意的是，世界强权中心强加于我们每一个人头上的大量公害品具有阻止"软骨头"退出的"社会功能"或作用；我们指望这些"软骨头"也许能在关键时刻变得有几分骨气并采取呼吁行动。

生产公益品和公害品的组织和企业营造了一种特别适合于忠诚行为（即尽管对组织极为不满且满腹狐疑，但仍然迟迟不肯离去）生长繁衍的环境。这种忠诚行为具有几个不同的特征。其中之一，是我们前面所提到的"我们的国家，是对，还是错？"这个问题，现在却可能变为"国家愈混（蛋），我爱之愈切"，尽管这听起来有悖常理。此外，即使退出真的发生了，其本质也与我们迄今所论的退出大相径庭。在退出生产私有物品组织的例证中，退出意味着消费者或会员终止了与企业或组织的联系。通过给管理层发出一个绩效已然衰减的信号，退出能对绩效恢复起到刺激作用，但这完全是消费者或会员不经意的行为，他总不能对衰减无动于衷吧。但在公共品的例证中，由于完全断绝关系是不可能的，某人还得继续关注组织的态势。所以，尽管已经退出了组织，但他仍然是公共品的消费者，至少，他摆脱不了这些公共品的外部影响，可谓逃遁无门。这样，在消费者或会员看来，如无重大举措企业或组织的绩效断难改进，只有退出才能奏效时，消费者或会员才会萌生退意。这时，退出是抗议状态下的愤然离去，而且在一般的情形下，是在组织外部进行公开指责和斗争，而不是在组织内部寻求变革。换言之，与其说这种选择是介于呼吁与退出之间，还不如说它是一种内部呼吁和外部呼吁（退出以后的呼吁）相结合的机制。如是，退出与否就要取决于另一个新的判断，即在绩效衰减的哪一个时点上，采用外部斗争方式比在组织内部纠正现有的错误政策更有效率（除了以较为平和的方式进行外）？

　　迄今为止的讨论揭示了两类退出间的主要区别，一类是从公共品中"正常地"退出，一类是从私用品中退出，但我们是以某人退出私用品的方式，来讨论消费者或会员是怎样从公共品中退出的。在一个以私用品和美国人行为方式为主流回应模式的社会中，产生某些混乱也许是预料之中的事。新近的历史事例即刻就会浮现在我们的脑际：对公共政策不满的高官在辞职时不但没有对现有的政策提出批评，而且还以纯粹的私人借口提出辞职请求，谎称辞职是因为另有高就，于我的家庭是十分有利的，云云。还有一个相似的例子：有些男女青年认为美国社会、美国的价值观念、美国政府的种种作为，并不符合他（她）们的胃口；他们一走了之，好像这样一来，即便不修正现行的这套东西，也可以栖身于另一套完美的价值和政策体系之中似的。两类退出引起了混乱，这种混乱令人不安。不安的心态并非没有来由。例如，哪怕只有一个官员在越南战争问题上因为与当局政见不同而退出了约翰逊政府，且能于辞职后公开批评政府的战争政策，都会令我们感到些许的宽慰，可是连一个都没有。再如，1968 年 E. 麦卡锡（Eugene McCarthy）[*]议员所发起的竞选运动为许多美国青年一试身手提供了可能，而不是像原来那样一走了之。这个宽慰来得实实在在，而且是一种多数人都能感受到的宽慰。

注　释

[1]　此处无意表明在"原始的组织"单位中并不存在退出。E. 利奇（Edmund Leach）已经注意到，很多所谓的原始部落并不是封闭的社会。在其经典著作《缅甸高原上的政治体制》（*Political Systems of Highland Burma*，1954）一书中，他仔细地描述了一个社会部落中的成员定期地迁移到另一个社会部落中尔后再回来的这种流动现象。与利奇所研究的原始部落相比，高度开放的发达社会则有效地排除了退出机制的作用。

---

*　麦卡锡是明尼苏达州的民主党参议员，1968 年民主党初选候选人，是反战派的代表人物之一。他在民主党内默默无闻，也没有什么政治影响力，竞选资金更少得可怜，但却在美国竞选史上创造了一个奇迹。麦卡锡的竞选旗帜是反战，选民主力是大学生和其他年轻人。他的竞选阵营聚拢了一大批青年志愿者们，他们喊出了"为吉恩（麦卡锡的昵称）而清洁自己"的口号：数以千计的长发学生去理发店剪头，穿上传统服装，戒毒，且自觉地约束自己的行为。他们的目标只有一个，那就是实现麦卡锡的反战事业。——译者注

[2] 结合附录 B 中的图 B.1 看，如果高至 V_3 的点能够正确反映某成员的影响力（即他能够"拨乱反正"的概率），那么，即该产品质量恢复到原来水平的可能性很小，他也不会选择退出，尽管选择退出肯定能买到相同质量的竞争品。该消费者无疑会做出呼吁选择。但是，对企业影响力较小且自知回天无力的消费者，便不大可能为善待企业而如此委屈自己。当他倾向于选择呼吁而非退出时，通常会以竞争品的可靠性程度参照物，来比较一下原来产品接近恢复状态的可能性。

[3] A.O.Hirschman, *Development Project Observed*, Washington：Brooking Institution, 1967, Chapter 1.

[4] 参见 M. 沃尔泽（Michael Walzer），"Corporate Authority and Civil Disobedience", *Dissent*, September—October, 1969, pp.396—406。正是他新近发表的这篇论文，使我联想到一个十分重要的相关问题。在西方民主社会中，最高政治当局要受到严格的民主程序制约，而此类制约在法人实体中却十分罕见，作者将之与另一篇论文中的相同国度的法人实体做了一番比较。正如作者在文章中指出的那样："如果成员们不喜欢他们所隶属的组织，他们可以一走了之"（p.397）。而对于国家却不可能实施同样的选择。在工业、商业、教育、宗教和专业化等组织机构中，呼吁机制缺失或呼声衰弱也可以佐证这一点。但沃尔泽又坚定地认为，这种解释是拙劣的，不应当成为阻碍民主化进程的一个托词。不过，作为一门实证性的政治科学，我们还是应当看到，退出的几率越高，组织就越容易对推行内部民主制度采取抵抗、回避和推迟的态度，尽管这些组织运营的大环境是民主的。注意到这一事实是很有帮助的。

[5] 参见 Alexander M.Bickel, "Is Electoral Reform the Answer?", *Commentary*, December 1968, p.51。

[6] 用图形表达这个命题也很容易。下面这个图形的横轴表示消费者

购买的产品数量，纵轴表示产品质量（衰减）。

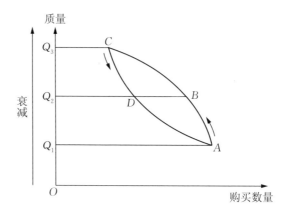

假定最初的产品质量为 Q_1，后来逐步降低到 Q_3，再后来又慢慢地回升到 Q_1。这样，ABC 就是产品质量下降期的需求曲线，CDA 是产品质量回升期的需求曲线。这两条曲线的形状要取决于衰减—回升周期，当产品质量为 Q_2 时，其需求量分别为 Q_2B 和 Q_2D。

[7]   参见 K.R.L.Hall，"Perceiving and Naming a Series of Figures"，*Quarterly Journal of Experimental Psychology*，2：pp.153—162，1950。另一项旨在调查凌乱而无序的信息是如何被综合、整理的试验，也获得了相似的结果。例如，向受试者朗读一组描述某人品质特征的形容词，则受试者对该人的综合判断就取决于这组形容词的朗读顺序，受试者往往对那些先读的词留下了深刻的印象。例如，一组形容词的顺序为：聪明的、谨慎的、情绪化的、自私的，它给受试者留下的综合印象要比把顺序颠倒过来深刻得多。这种现象被心理学家称为"主效应"（primary effects）。请参阅 Norman H.Anderson，"Primacy Effects in Personality Impression Formation"，*Journal of Social Psychology*，2：pp.1—9，June 1965，以及该文注明的参考文献。

[8]   参见 Robert Jervis，"Hypotheses on Misperception"，*World Politics*，20：

pp.439—453, April 1968；另参 Albert O.Hirschman, "Underdevelopment, Obstacles to the Perception of Change, and Leadership", *Daedalus*, Summer 1968, pp.925—936。

[9]　这一短语的本源出自于亚当·弗格森（Adam Ferguson, *Essay on the History of Civil Society*, 1767），F.A. 哈耶克（Hayek）在题为《哲学、政治学与经济学研究》的论文中再度提及（F.A.Hayek, *Studies in Philosophy*, *Politics*, *and Economics*, Chicago：University of Chicago Press, 1967）。

[10]　如图 7.1 中的曲线所示。

[11]　参见 E.Aronson and J.Mills, "The Effects of Initiation on Liking for a Group", *Journal of Abnormal and Social Psychology*, 59：pp.177—181, 1959。至于对阿伦森—米尔斯（Aronson-Mills）实验结果的精确表述以及对某些批评意见的反驳，请参见 H.B.Gerard and G.C.Mathewson, "The Effects of Severity of Initiation on Liking for a Group：A Replication", *Journal of Experimental Social Psychology*, 2：pp.278—287, July 1966。附录 E 将更完整地介绍这些论文的论述。

[12]　参见 Leon Festinger, H.W.Riecken, and Stanley Schachter, *When Prophecy Fails*, Minneapolis：University of Minnesota Press, 1956。尽管我提出的假定与 L. 费斯丁格尔（L.Festiger）等人的极为相似，但二者间还是存在着根本的区别。在这篇认知失调理论文献的经典作品中，几位作者揭示了毅然终止信仰的行为对某一信仰群体的影响。与理论预期完全相同，信仰者们果然更为起劲地介入某种背叛原信仰的活动。但是，这种背叛活动只能被看成是一种排除失调状态的尝试，是借助于"忘却"和驱赶失调认知来实现的，并无助于修补失调状态。阿伦森—米尔斯模型（即群体或组织表现令人生厌的属性）以及 L. 费斯丁格尔等作者所预言的情境（即可预见的洪灾将一去不再）都表明，认知失调是一个不可改变的、一次

性了结的事件。而在现实生活中，很多事件是可以周而复始的，是可以改变的，是可以"再度光临"的。

[13] 进一步了解本研究计划的范围、设计及陈述，请参附录 E。

[14] 请参阅本书第 92—93 页。我在其他作品中也以相同的语气论述过，鉴于前期投入费用较高，当项目负责人全身心地投入其中时，他会不遗余力地对新出现的困难施以援手以挽救该发展项目。从这个角度说，困难暴露得越晚，对该项目的开发将越有利，当然，其前提条件是，该困难必须有望获得解决。参见 Hirschman, *Development Projects Observed*, pp.18—21。

[15] 在图 7.1 中，入会条件较高成员的退出点是 *XSI*（*XSI* 代表 eXit of members having received Severe Initiation）；其退出的时点先于 *XWL*。

[16] 有关脱党的恐怖性事件，参见 Gabrief A.Almond, *The Appeals of Communism*, Princeton, 1954, Chapter 12。

[17] 这是 D. 阿普特（David Apter）命题的一个特例。该命题指出，就执政者所获得的信息量而言，强化一个社会的政治高压是要付出代价的。参见 David Apter, *Politics of Modernization*, Chicago：University of Chicago Press, 1965, p.40。

[18] 事实上，如果该企业曾令我深感失望，我已经与它断绝了"生意"往来，当我听到它每况愈下的消息时，不仅不会在乎，反而应该幸灾乐祸才是。

第八章

美国意识形态和实践中的退出与呼吁

我们在这一章将把美国的意识形态、美国的传统以及美国的实践与退出—呼吁联系起来讨论，这是一个特殊而庞大的案例。我们把它作为最后讨论的话题，总不算操之过急吧。

我的主要观点，也是我甚为迷惑的一点，可以简洁地表达如下：在美国的传统中，退出一直居于享有超级特权的地位，可是，受几个关键性事件的影响，却突然被完全禁止了，至于目的嘛，有时是出于善意，有时是出于恶意。

在为数众多的权衡退出与呼吁选择的决策中，美国人往往是优待退出而刻薄呼吁，而且，还把这种厚此薄彼的选择看成是美国得以生存和壮大的原因。L. 哈茨（Louis Hartz）曾雄辩地论述了这条来自"美国人经验的天理"：

> 17 世纪从欧洲逃往美洲[*]的人对欧洲人的压迫深有体会。他们是持有不同政见的革命者。逃亡可不是一件小事：

---

* 隐喻退出欧洲。——译者注

因为置身欧洲与封建的法理和教规相抗争是一回事，而远远地逃离却是另一回事。想在一个旧世界中建立自由社会是一回事，而在一个新世界上建立这个社会却是另一回事。用T.S.艾略特（T.S.Eliot）的话说，革命意味着谋杀与创造，可说来有点奇怪，美国人从来都只是凸显其创造性的一面。恣意破坏森林和捣毁印第安人的部落——耀武扬威，血光四溅，极富传奇色彩——与摧毁原本隶属于其中的社会秩序是不可同日而语的。初次经历完全是在外域得到的，居然还大获全胜。第二次经历，就像弗洛伊德（Freudian）先辈们的厮杀一样，既有内战也有外斗，而且，从某种程度上说，还会永无休止地进行下去。[1]

退出显得干净利落，而呼吁则拖泥带水，甚至还免不了悲观失望，所以，在美国的历史长河中人们一直看好退出。[2] 随着边境问题逐步解决，退出欧洲的行为被再度内化于美国的法律中，即F.J.特纳（Frederic Jackson Turner）所称的"告别被奴役时代的大门"[3]。对这个国家东部地区的大多数人而言，"到西部去"的机会要远比现实更为虚幻[4]，但这个虚幻色彩本身是极其重要的，因为它向每一个人提供了一个解决问题的范式。即使是疆域固定下来之后，由于国土广袤且交通便利，与其他多数民族相比，美国人也往往更倾向于采用迁移或"逃离"的方式来解决问题，采用辞职方式的并不多，坚持在原住地通过斗争以改善困境的也不常见。这也许是美国人形成古怪风格的原因，自托克维尔（Tocqueville）以来的观察家都注意到了美国人的这一遗风。如果境况糟得很，与其又哭又闹地呼吁反而身陷困境、难以自拔，何如抽身而退，永久性地告别烦恼？

我们将会注意到，所有诸如此类的"逃离"从本质上说，都是真正意义上的退出，而且是从私用品而不是从公共品中的退出。不论其抽身而退会对置于身后的社会产生什么样的影响，其后果都不是退出者蓄意而为的。离开原社区的人们从未想过对社区做些改进，或在社区之外与之抗争；由于他们是移民者而不是流亡者，离开不久便对原属地的前途毫不在乎。从这个角度看，当前在某些群体如嬉皮士之流中颇为流行的"逃避"运动，是极具美国传统精神的；不满于身边的社会秩序但并不与之斗争，而是采取了逃避、退却或独向一隅的态度。退却的真正原因并不是让外界认为他们不是美国人，而是让人们感觉到他们是"异己分子"，目的在于对他们所反对的主体社会施加影响力。"明目张胆"地退出，又不可思议地流露出叛逆与藐视的态度，与早期的拓荒者、朝圣者和移民者相比，他们这些举动实际上已经比较接近呼吁了。

美国赖以成功的传统思想可以进一步佐证退出对国民想象力的控制。通往上层社会或与之相似的成功道路，长期以来一直被认为是一种不断演进的个人主义精神。[5] 社会地位低下的成功者在步步高升的同时，必将把自己原来所隶属的群体抛诸脑后；他步入了一个更高的社会层级，或被该层级的成员所接纳。只有直系家庭成员才能与他相携而行，他人是很难沾光的。成功意味着——往往也被神化为——是血肉之躯离开了贫民窟，尽管他是在那里长大的，是从那里步入上流社区的。他后来也许有过资助穷人的善举，或对原社区的群体及乡邻采取过救助措施。如果说有的少数族裔（信仰及种族完全相同）整体步入了上流社会，那也一定不是群体协同"作战"的结果：每个成功者的背后都必然隐藏着一段段单枪匹马奋斗的故事，而后才得以脱离贫困区，步入成功者的行列。

美国历史舞台上的黑人运动打破了向上层社会奋斗的传统模式。这是一个例外，对社会上其他被压迫的群体而言既不适用，也不受青睐。在黑人群体中，少数人拼命钻进白人社会是一种可耻的行为，而群体驱动以及以改善黑人居住区条件为己任的行为则受到普遍的赞扬，这一贬一褒间的有机结合是黑人运动的重要特征。用一位评论者的话说：

> 取消种族隔离制度，特别是把它当作一面"旗帜"来招摇过市时，……只会使群体中的个体成员获得擢升。但不无荒谬的是，这种擢升与有选择性地薅鸡毛并无二致，它将群

体中的优秀分子剥离出去，而多数成员的状况并未获得改进，实际上是削弱了这个群体聚拢的合力。[6]

这与前面提到尼日利亚的铁路、公立学校等例证，具有惊人的相似性。在这些例证中，质量敏感型的消费者或有影响力的成员退出企业或组织后，呼吁机制受到了严重的削弱，从而使退出也难以发挥应有的作用。

在上述一直受歧视的少数民族的例证中，我们还可以得出一个推论——即使是离了原来所属的群体，退出的结局也同样令人沮丧，或者说是失败的。道理是相近的，不过，从印第安人而不是从美国方兴未艾的犹太人或黑人的角度来探讨这个问题，也许更会引人入胜：

> 如果一个印第安人要想离开他的高原属地、抛却自己的印第安人的背景、打上其他社会阶层的印记，其一般的方式是通过通婚而成为印——欧人的混血儿。然而，采用这种方式成为混血儿的个体，最终发现他还是备受轻视，是饱尝"苦难"的少数族群的一个组成部分；他热望城市中的上流社会，但上流社会却遗弃他。[7]

该作者指出，这种个体向上迁移的过程是难以令人满意的，但在玻利维亚，以不断变革的方式通过群体的努力却使这种迁移过程成为可能：

> 在玻利维亚早期的印第安人社区中，群体本身是调节混血儿体貌性格特征的代理机构。族群中的个体都按相同的速率来转化，没有哪一个人会"木秀于林"、具有较浓的混血儿的特征。人们既无离开原社区的强烈动力，也不会拒绝对印第安人行为模式的认同。但他们却正在经历或参与一个真正的文化变迁过程；作为一个群体……人们不必急急然地追求身份象征，原因是——打一个比方——如果一个人还不会讲西班牙语就打领带，那是一件很可笑的事情。[8]

在某些国家特别落后的地区，如意大利的南部以及巴西的东北部，长期以来，其代言人社会地位升迁的一个显著特点，一直是崇尚"集体推进"，而不是离群索居或种族杂烩。为了赶上其他地区的发展，这些代言人通常不做移民打算，因为移民对提升落后地区的社会地位并无助益；然而，这种"春蚕到死丝方尽"奉献才华的精神，对这些代言人来说，也不能不留下些许遗憾。

与严格的隔离制度相比，仅仅把贫民阶层中的少数精英擢升到上流社会反而使上流社会对贫民阶层的统治变得更稳妥。要证明这一点并不难，我们可以设想一下，如果某个社会连续地实行上流社会收养贫民阶层中很有发展前途的少年的政策，其后果会怎样。日本在德川时期曾实行过此类领养政策，结果，确实出现了 200 年的和平与稳定。[9]

在弱势或迄今一直受压迫的群体向上升迁的实际操作过程中，个体与群体的混合推进也许是必要的，就是说，应当退出与呼吁相结合。在中间过渡时期，群体推进将要扮演一个主要角色；当社会分层过程有所延长，当信仰、种族、肤色等障碍进一步强化了经济不公平现象时，群体推进就显得特别必要。事实上，美国的现实与意识形态通常是大不相同的：众所周知，少数民族的影响力和社会地位一直在上升。这当然是他们个人成功奋斗不断积累的后果，不过，通过结成一个个利益集团，从而在某些政治部门把持多数席位，最后成为国家政治中的轴心，也在其间发挥着重要的作用。[10] 然而还要看到，由于公开宣扬群体推进，黑人权势学说成了一种向上流社会挺进的新理论。成功之路在于退出自己所属的群体，一直是美国社会的最高价值准则，但黑人权势学说申斥并摒弃了这个准则，因而，具有强大的震撼性作用。

退出一直是美国意识形态中的主流，不同的声音只是近期才产生的。我们的国家是靠退出得以建立并繁荣起来的，因此，作为一种重要而有利于社会运行的机制，人们从未对它的合理性提出质疑。这或许是我们的国民为什么对两党制和竞争式的企业制度如此钟爱的原因。就竞争式企业制度而言，经济学家认为，由两三家大型企业控制的市场结构与理想化的竞争模式相差十万八千里，但国民们对经济学家的看法却不以为然。如果某人对 A 企业的产品不甚满意，能够顺利地将消费"绣球"抛到 B 企业的手中，则围绕退出选择演绎的"爱情故事"应具备的基本符号，就囊括于其中了。

然而，乐极生悲，爱旋即转化为恨。于是，在某些关键领域，退出失宠，遭到了全面封杀。之所以走向了自己的反面，退出本身是要负一定责任的。去国离乡，移民者面临着一个困苦的决断；万水千山，他在亲情关系方面通常要支付较高的代价；人地生疏，还要适应新环境，这是一个额外负担。结果是产生了一种强烈的身不由己的心理驱动，即付出愈多，爱心愈重。回首眺望，"故园"显得破败凋零，面目可憎；而新居伟岸无比，是"人类的终极希望"，是完美的化身。人人唯有幸福而已。也许由于所有的人都产生了这种身不由己的驱动，"幸福"这个词渐渐地被赋予了比在其他任何语言中都更为温软的含义。两位德国移民多年后相逢于纽约街头的故事，就充分地说明了这一点。其中的一个人问："怎么样，在这儿还好吗？"另一人则答道："幸福，幸福，只剩下幸福啦！"* [11]

如同国家中央银行是一个最后可资告贷的机构一样，美国是世界上最后一处可资开发的沃土。对它的多数国民来说——除非

---

* *aber glücklich bin ich nicht*，此句为德语。——译者注

其先祖是奴隶——退出美国是完全不可想象的。

但我们还是假定，如果境况变得难以令人满意，那会出现怎样的后果呢？根据前一章有关进入成本较高对忠诚的影响的论述，人们迟迟不肯承认自己的忧虑，也许是预料之中的事。这与身不由己的幸福感觉如出一辙。但是，忧虑之情断难掩饰的阶段也许迟早会出现。对此，人们可能做出以下几种反应：

（1）恰如前面所述，人们会再度做出退出的尝试，但这次退出，却被限定在国家的疆域内（这样的退出范围是值得庆幸的）。

（2）自己的国家显然是白玉无瑕，无可挑剔的，那么，种种疑虑和幸福感消失的责任就只能落在心有此感的人的肩上。于是，还得着手进行另一番"适应"。

（3）也是最后一点，即使自己的国家真的犯了明显的错误，那么，人们也应当将自己置于一个崇高的思想境界之内，继续对祖国倾注满腔热忱。因而，呼吁将一反常态，行情大涨。真正的美国传统将激活人们的社会责任：制度是能够完善的，问题也有望获得解决。为了使自己的祖国名副其实，呼吁冲动将成为人们的潜意识行为，而幸福冲动将退出历史舞台。事实上，正是这种冲动才使我们的国家取得了某些伟大的成就，就像如果当年没有退出欧洲便没有美国一样。

在现今的社会条件下，如果把退出美国的大门紧紧地关上，这倒还无需大惊小怪。可是，近来的情况却发生了变化，症候还不轻：从政的官员尽管不满于现行的政策，但却"老马恋栈"，极不情愿请求辞职以示抗议。

前述所论放到这里也很贴切。让美国公民退出自己的国家是完全不可能的，政府高官提出辞职也不是一件易事，其间的道理大同小异。美国是世界上"最美好"的国家，作为她的子民，断无萌生抽身而退念头的可能；而作为官员，能在这个"最美好"国家的政府里谋职，况且，还是世界上最有权势的政府，也同样具有令人不容拒绝的诱惑力。难能辞职的道理也同样适用于政坛的反对派，尽管他们对现行政策持强烈的反对态度，但却仍然赖着不肯辞职，麦克阿瑟（MacArthur）将军是这样，A. 史蒂文森（Adlai Stevenson）也不例外。1966 年，一篇题为"爱尔兰人"的诗文对史蒂文森进退维谷的窘境进行了莫大的讽刺：一个"圆头圆脑"的家伙正在掂量退出与呼吁的分量，结果是，退出不敌呼吁：

> 要是让我坦率地说，
>
> 一个人将要失去他的影响力。
>
> 以请愿和祈祷的方式寻求变革的机会已经荡然失去。
>
> 但我还是要试着修正他们魔鬼般的行径，
>
> 我要作为一个批评家，继续留在堡垒里。
>
> 离开这个堡垒吧，

作为一个局外人逍遥地看戏！

但这是外部哇，是一片陌生的土地，

你能出得来但却永远回不去……

不行，我不能离开，为了改革，

我得留在堡垒里。[12]

悲苦的战争持续了两年后，对这场战争有过质疑的高官仍迟迟不肯脱离约翰逊政府。作为当时的一个内部人，小 J.C. 汤姆森（James C.Thomson，Jr）撰文分析研究了这种现象，同时，也对当时官僚层面上的内部冲突做了大篇幅的介绍。[13] 对不同意见者予以教化，是汤姆森论述中的一个重要观点。其做法是"指派"一个"官方的不同意见者"，或者在政府内部对持怀疑态度的人进行富有魔力的游说。在这个过程中，一方面，怀疑者的判断力被削弱了；另一方面，他的观点也被刺探出来，具有一定的可预期性。这样一来，怀疑者的影响力便大大降低，权势也打了折扣。[14] 不同意见者可以在会上陈述自己的观点，但前提是，他必须扮演一个"己方团队成员"的"角色"。这样一来，就意味着他已经事先放弃了自己手中最有力的武器，即辞职抗议的威胁。

对不同意见者而言，这显然是一种拙劣的谈判策略。它产生了一个问题：为什么要对议题表示赞成呢？在此，我们可以援引

上一章所讨论的几个观点来回答这个问题。首先，我们假定，由
政府一意孤行地制定政策，其前景是极为可怕的；互有异见的双
方成员都感到，"如果我方的意见不被采纳，其后果将更加不堪
设想"。因此，最终形成的决策总是两个对立的"鹰派"和"鸽
派"之间相互妥协的产物。尤其是鸽派，他会坚持认为，不管遇
到什么样的困苦或"围剿"，身居要职都是他义不容辞的责任。
想想周围那些连续不断发挥作用的正义力量和邪恶的权势，你就
会觉得，哪怕是施展一点点儿的影响力都是值得的。这种逻辑实
际上已经包含了上一章所论的退出公共品的核心内容。但这也恰
恰是问题的根由。在这种情形下，投机主义行为将被看成是一种
热心于公益事业的活动，甚至还会罩上一件默默奉献的外衣。动
机如此复杂，或坚持，或强化，或放弃，投机主义行为沉溺于其
中，与道义全无干系。在事物发展过程中，鸽派既会夸大自己的
影响力，也会高估自己选择退出对整个事件的破坏性。L. 阿克
顿（Lord Acton）的著名格言或可稍许改动，作如下解读："权力
可以腐败，即使一个无足轻重的小人物重权在握时也能成为一个
巨贪。"

这种局面中退出将被严重忽视的景象会以另一种方式似是而
非地展现出来。第四章已经论及，当产品或服务质量下降时，与
高质量区域的消费者或会员相比，位于低质量区域的人们往往会
捷足先溜。在中、低档产品质量下降的条件下，由于寻到价位和

质量相近的替代品并不是一件难事，所以，消费者选择退出就显得比较容易。而在高质量区域，即使产品不合人意，但由于现成的替代品供货不多，退出较难。因而消费者往往更倾向于采用呼吁手段，希望在组织内部发挥作用。那么是不是可以说，当政府绩效下降时，中、小国家的官员能比世界强权国家的官员更倾向于选择退出呢？这显然不是绝对的，因为它不能按市场模式来运作：如果一个政府出现了衰退的势头，某官员倒戈而投奔另一个政府通常是行不通的。不过，一个相似的道理也许有助于说明这个问题。世界上的中小型国家数以百计，相同级别的国家可以为研究另一个国家的行为模式提供参照。此类国家政府的标准行为范式，是举世公认的。失范或藐视公理的行为有可能易于识别。但对某个超级大国而言，此类参照标准是不存在的：大国可以含糊其辞地宣称，由于不寻常的负担和特殊责任，惯例或通行的标准对它来说是不适用的。这也许是为什么退出强权国家政府的官员少得可怜的另一个原因。

我为什么用"可怜"这个词呢？原因是，如同在任何一个组织中一样，退出能在恢复政府绩效方面发挥着必要的作用。退出的功能或在于敦促政府改革，或在于促使政府解体，但不管是哪一种结局，德高望重的成员嚷着要退出政坛所引起的震撼，在很多情境下对诱发呼吁都起着不可或缺的补充性作用。当年，议员 E. 麦卡锡决定角逐总统席位，对当时的历史事件曾产生过强

烈的影响，便是此类结论的一个例证。这是一种退出民主党高级
俱乐部的行为，违背了执政党例来所遵循的游戏规则（这个规
则是，党员不应反对本党总统竞选连任）。但是，尽管有些成员
对此日渐忧虑，却并没有导致总统"官方家族"的成员们纷纷退
去。B. 加森（Barbara Garson）和 J. 汤姆森（James Thomson）分
别撰文讽刺和分析了这种不情愿退出的行为。后来，人们相继认
识到，这是一个各党派普遍存在的问题，甚至是一个丑闻。J. 赖
斯顿（James Reston）事后曾对约翰逊政府作过如下描述：

> 美国政府的要员根据一般规则提出辞职的现象几乎完
> 全没有，这一点是比较明显的，也是有案可查的。A. 艾登
> （Anthony Eden）和 D. 库珀（Duff Cooper）当年离开 N. 张伯
> 伦（Neville Chamberlain）内阁时，曾详细而明确地解释了他
> 们对当时政策断难认同的原因……而现在，已经没人提出辞
> 职申请了。在越战升级的关键时期，多数（在位）官员对总
> 统都表现出了对国家般的忠诚。某些人……在私下里正在捉
> 摸，这种忠诚是否符合民族的利益。[15]

但是，如前所述，由于回避退出的官员总能找出堂而皇之的
理由，此类含而不露的道德谴责和劝诫是不大可能奏效的。因
此，就像我们在前几章求诸刺激呼吁发挥作用的机理一样，把着
眼点放在激活退出的种种制度设计方面，将会收到更好的"疗

效"。依照这样的逻辑思路，汤姆森认为，愤然辞职对美国内阁成员来说毫无吸引力。因为美国与英国不同，英国设有后座议员席，而在美国，辞职之后便没有退路。[16] 在通常情况下，辞职意味着从此便失去了政治和公共舆论的基础。新近的建议指出，内阁成员和其他政府高官应该或具有一定的团体背景，或从利益集团的领导人中产生，这种观点很值得进一步研究。这样的官员也许不大容易被套牢在所谓的"团队成员陷阱"（the member-of-team trap）中。

注　释

[1]　参见 Louis Hartz, *The Liberal Tradition in America*, New York：Harourt, Brace and World, 1955, pp.64—65。

[2]　参见 Louis Hartz, "The Liberal Tradition"，第 65 页的脚注。此外，请注意同一脚注中的这则短语："从实际意义看，美国人是以逃亡替代或躲避了欧洲人所经历的社会革命。"

[3]　参见 Federick Jackson Turner, "The Significance of the Frontier in American History", reprinted in Frederic Jackson Turner, *The Frontier in American History*, New York：Henry Holt, 1920, p.38。这篇著名论文是他于 1893 年写成的，此语出自该文的最后一段。更有意思的是，特纳在后来的论文中注意到，由于未开发的地域已经告罄，如果美国要想保持民主的活力，就必须用一种类似于"呼吁"的政治程序来取代疆域的扩张。"当前应当着手进行的工作，是如何

使过去的理想适应新的条件，这越来越有赖于政府保护我们的民主传统。随着选举的持续，我们的社会显示出了惊人的进步；各个党派正在形成一些新的纲领和路线；要求大选，产生符合民意的议员，发扬创新，举行公投，召回官员等呼声日益高涨；一度是民主先驱的中心地带也以前所未有的精神展示了这样的苗头。可自由开发的土地已荡然无存，以前的民主保护神也随之一去不再。以什么来替代两者呢？以上种种举措正是探索其路径的尝试，是有待开发疆域告罄的结果"（p.321）。

[4] 例如，参见 F.Shannon, "A Post-Mortem on the Labor Safety-Value Theory", *Agricultural History*, 19：pp.31—37, January 1945, reprinted in George R.Taylor, ed., *The Turner Thesis*, Boston：D.C.Heath & Co., 1949。

[5] Richard Hofstadter, *Social Darwinism in American Thought*, Philadelphia：University of Pennsylvania Press, 1945.

[6] 原文出自 Nathan Hare，见 John H.Bunsel, "Black Studies at San Francisco State", *The Public Interest*, 13, Fall 1968, p.30。关于目前所实施的废除种族隔离制度实际上是将黑人群体中有领导潜力的优秀人才剥离出去的其他论述，参见 V.Harnilton, *Black Power*, New York：Vintage Books, 1967, p.53。

[7] Richard Patch, "Bolivia：The Restrained Revolution", *The Annual of the American Academy of Political and Social Sciences*, 334：p.130, 1961.

[8] 同上。

[9] R.P.Dore, "Talent and the Social Order in Tokugawa Japan", in John W.Hall and Marius E.Jansen, eds., *Studies in the Institutional History of Early Modern Japan*, Princeton：Princeton University Press, 1968, pp.349, 354. 迈克尔·扬的大胆想象把这个领养过程又向前推进了一大步。在他所极力反对的乌托邦社会中，个人升迁现象颇为流

行，使得上层社会与下层社会间的隔离状态日益严重；交易幼婴的黑市获得了惊人的发展，精英家庭中愚钝的婴儿被送出去，有时还陪送昂贵的嫁妆，目的是为了从穷人家领养一个聪明的孩子。参见 Michael Young，*The Rise of Meritocracy*，1958，Penguin Books，1968 edition，p.184。

[10] 克里斯托弗·拉希（Christopher Lash）对此曾做过雄辩而完整记录的评论；参见 *The Agony of the American Left*，New York：Alfred A.Knopf，1969，pp.134—141。

[11] 这句话翻译成英文，是"除了幸福还是幸福"。另一个能进一步佐证"幸福"这个词在非美国英语中强烈含义的例子，取自翁贝托·萨巴（Umberto Saba）诗文的头几行：

　　　　In quel momento ch'ero giá felice

　　　　（Dio mi perdoni la parola grande e tremenda）...

我们可以把它勉强地译为："那是一个令人幸福不已的时刻（上帝或许会宽恕我使用了这个含义庞杂且令人生畏的词）……"见 Saba，*Il Canzoniere*，Rome：Einaudi，1945，p.220。

[12] Barbara Garson，*MacBird*，New York：Grassy Knoll Press，1966，pp.22—23.

[13] James C.Thomson，Jr.，"How could Vietnam Happen？ An Autopsy"，*Atlantic Monthly*，April 1968，pp.47—53.

[14] 就像汤姆森说的："一俟保尔（Ball）先生坦陈他的疑虑，他总会一如既往地受到欢迎，人们一直鼓励他在政府内部鼓吹越战。其不可避免的结局是，在这个具有放大效应的过程中，保尔先生总会定期地陈述自己的观点；于是，我猜想，保尔将会感觉良好（因为他过去一直是为正义而战）；其他人也会感觉不错（因为给他们提供了倾听鸽派观点的机会）；每个人的不快都被减低到了最低程度。这个俱乐部并未受到任何触动。当然，如果保尔保持沉

默，或先于 1966 年秋脱离政府，事情也许很快变得更糟。B. 莫耶斯（Bill Moyers）是另一个一贯对越战持怀疑态度的人。据说，当他步入会场时，总统亲昵地向他打招呼，'瞧! 停止轰炸先生来了'"（p.49）。M. 克罗齐耶（Michel Crozier）曾十分自信地指出，在官场上，一个人的影响力和他观点的可预期性成反比。参见 Michel Crozier, *The Bureaucratic Phenomenon*，Chicago：University of Chicago Press，1964，Chapter 6。

[15] 参见 *The New York Times*，March 9, 1969。此外，还应留意 J. 奥斯本（John Osborne）在更早时期所发出的报怨："我想，我们现在应当清楚：这个时代的官员是不会由于某种原因而辞职的……但是，我还是怀着对 G. 保尔（George Ball）受之无愧的敬重心情在此声明，为了坚持原则偶尔辞职的行为，将能够改善华盛顿的局面，能够延缓甚至阻止保尔所称和所感的那种判断错误。"参见 *The New Republic*，June 15, 1968, p.27。这本书的观点现在仍然成立，在此，我可以提供一个有案可查的例证。1969 年 10 月，兰德公司的六位分析员向《纽约时报》和《华盛顿邮报》提交了一封措辞严谨的信函，呼吁美国政府单方面地、迅速地从越南全面撤军。这种与媒体直接沟通的方式，从本质上看，与抗议性的辞职十分接近。当时，兰德公司与国防部签署了几个维修协议，六位分析员的信无疑对这种官方政策提出了公开抗议。尽管抗议者并没有做出实质性的退出姿态，但显然是冒着被"驱逐"出去的风险（*Washington Post*，October 12, 1969）。当这本书于 1971 年 9 月再度印刷时，新增补的内容很值得玩味：这封兼有退出和呼吁含义的信，在很大程度上是由 D. 埃尔斯伯格（Daniel Ellsberg）发起的，他是六位签名人之一。

[16] Thomson, "How Could Vietnam Happen?"

第九章

退出与呼吁的最佳组合：一个晦涩的模型

前几章，以较大篇幅讨论的问题主要有三个。一是退出排斥呼吁；二是，当企业或组织历经了初始衰退后，其绩效的恢复主要靠退出来实现；三是，在某些条件下，呼吁是促进绩效恢复的有力手段，应当以合适的制度设计来强化。但在后面，出于贵在平衡的考虑，我的注意力偏重于，退出选择对绩效恢复具有很大的破坏作用，几乎遭到全面封杀。足足兜了一个大圈子，我的书也临近尾声了。鉴于在这个"兜圈儿"过程中，我又顺藤摸瓜地给它添加了很多巴洛克式的装饰物，所以，在最后一章里，给出一个框图式的结构[*]或许是很有助益的。

回应措施有两类（退出和呼吁），企业或组织可以分为四类，把这些类型概括在一个框图中，企业或组织就可以据此安排自己的因应对策。该框图只是以一种粗线条的方式归纳起来的，这一

---

* 为便于读者理解及符合汉语习惯，框图的编排格式与原著稍有区别：横轴表示消费者或会员利用退出回应企业或组织的绩效衰退；方框内横轴方向的"是"表示可以退出，"否"表示不能退出。纵轴方向的"是"表示可以呼吁；"否"表示不能呼吁。——译者注

点无需赘言。符合框图分类的条件以及各个方框的界定，我已经在本书中都先后做了交代。

这个框图向我们展示了以下几种类型组织间的比较。第一类，如竞争市场上的工商企业，主要靠消费者或成员的退出来感知外界对自己的不满，呼吁则完全销声匿迹。第二类，如传统中的人类群体，成员主要靠不同程度的呼吁来解决问题，而退出则几乎闻所未闻。第三类，是退出和呼吁双双发挥作用。不过，这类组织相对较少；各种类型的自愿式协会是它的主要形式，竞争性政党是它的次要形式。某些企业的客户也经常试图直接影响企业的现行政策，而不是径自做出退出选择。

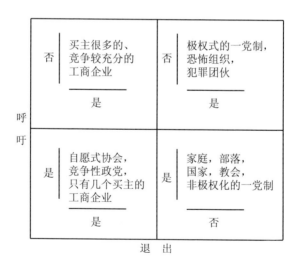

绝大多数的组织恐怕都难以完全剥夺消费者或成员的退出和呼吁的权利。框图中只有一类蓄意设计的组织或明或暗地全然禁

止两种机制发挥作用。在这类组织中，退出是背叛的同义词，呼吁与造反毫无二致。从长期看，这种组织的活力可能低于其他组织。退出与呼吁是违法犯上的行为，要受到严厉的惩罚，只有当组织病入膏肓，无可救药或不值得救药时，才会被采用。在这个阶段，呼吁与退出势如暴风骤雨，不但不能起到改良作用，反而具有破坏性。

另一方面，有的组织靠一种机制获得反馈信息，有的靠两种，框图并没有说后者一定比前者更为高级或更具活力，因为这要取决于一个组织对一种或两种反馈机制的应变速度。如果一个仅靠退出获得信息的组织能够对顾客和成员的流失旋即做出反应，则仅靠退出就足够了；如果一个组织能严肃认真地对待消费者或成员的抱怨与抗议，则仅凭呼吁也能使绩效得到恢复。但是，如果某个组织不能敏感地对某个具体的抗议行动做出回应，或根本不具备能迅速做出回应的信息反馈机制，那会出现怎样的情形呢？我在这本书中以较大的篇幅讨论了回应不足或回应失当等例证，这些观点可用另一个框图归纳如下。

在此，我们最大的兴趣点自然而然地集中在那些反常或呈病态组织的身上：它们本来具有回应机制，但却置若罔闻；在这些组织中，消费者或成员因不满于产品或服务质量下降而千方百计地宣泄自己的愤慨，但管理层却对此习以为常或反应淡漠，根本没有体察到必须采取修复措施的必要。我们在前几章，特别是第

衰减引起退出还是导致呼吁

		退　出	呼　吁
对退出或呼吁相对敏感的组织	退出	竞争性的工商企业（符合这类条件的企业请参考第2章）	允许不同意见的存在但无制度化反应渠道的组织
	呼吁	与同行有竞争关系的公共企业，懒散的寡头垄断组织，股份制的法人团体，内部地区，等等	成员忠诚度较高的采用民主回应措施的组织

四章和第五章，已经对这个问题做过详尽的讨论：退出使这些组织的绩效出现衰减，但管理层却几乎一如对待呼吁一样，对退出也采取了无动于衷的态度。但第八章却出现了一个与此截然相反的情景：美国政府的行政部门作为一个组织，在约翰逊执政期间绩效不断衰减，以致呼吁性的示威持续不断，结果均无功而返，而在那种情境下，退出选项也许更有效。

　　一般性的观察是，在衰减期内，组织的某种因应方式被成员激活了，而"疗效"更佳的"方剂"却可能潜藏于另一种因应方式中。据此，我们可以得出几点推论。即刻想到因应方式应该多样化或结合起来运用，是这个构思的长处。例如，有的组织对退出比呼吁更不敏感，且主要依靠退出来激活自己。显然，一个更恰当的回应方略应该是：一方面要尽量强化组织对退出的反应程度，另一方面也要诱导成员从退出转向呼吁。这样，可供选择的矫正措施就会增加许多。例如，当铁路对客户流失不能做出有力的回应时，一个常用的措施就是实行较为严苛的"财务约束"纪律；目的就像以破产威胁私营企业一样，铁路管理当局对收入的减少决不会不闻不问。到现在为止，应当明确的一点是：作为一种选项或补充性的措施，强化消费者的呼吁方式和渠道，是值得我们探寻的。我们可以采用两种方法实现这一目的：一是降低呼吁的成本并提高它的收益，这是直接方式；二是提高退出的成本并减少滋生退出的机会，这是间接方式。

基于相同的机理，如果一个组织对呼吁置若罔闻而对退出倒十分敏感的话，那么，其回应的思路就应该：一是排除退出的障碍，并通过适当的制度设计提高退出的吸引力；二是提高组织对呼吁的回应程度。我在这里所推崇的改善制度设计的方法，既可以拓展通常被援用的政策选择空间，也可以避免产生非此即彼——要么是退出，要么是呼吁——的偏见，而经济学家和政治学家却几乎都犯这个毛病。[1]

然而，应当注意的两个问题：一是，这种方法并没有就退出与呼吁的组合方式给出一个确定处方；二是，这种方法也并非想要认证，每一种制度都应该拥有属于自己的、且历经不断试误才逐步实现的组合方式。在任何一个时点上，我们或许都可以明确地指出，两种机制中有一种并没有发挥应有的作用；但是，要想为它界定一个持久而最有效的组合方式，却是不大可能的。道理很简单：衰减所产生的作用无时不在，而每一种恢复机制都要受制于这种作用。之所以这样说，既是想在接近尾声时增加一些理论线条连贯一致的色彩，也是出于对现实生活实际的考虑。如前所述，提高自身活动的自由度是企业或组织中管理层的短期利益之所在。因而，管理层将千方百计地剥夺消费者或会员手中所拥有的武器，而不管这个武器是退出，还是呼吁，还要一如既往地给它加上一个安全阀，使之不具备成为信息反馈渠道的可能。就像前一章结尾处提到的那样，呼吁因而就像被阉割的马，成了一个泄气的瘪皮球。退出也像一把钝刀。如前所述，表面上显得竞争激烈和对退出通常比较敏感的企业或组织，可以学会以合作和串谋的方式来吸纳对竞争对手绩效深感失望的消费者或会员。从这个意义上看，如果企业或组织间的串谋游戏得逞的话，由于退出与进入相互置换，则退出对绩效衰减的组织就构不成严重的威胁。

当管理者寻求打压某种消费者或会员所喜爱的抗议方式时，不管这种抗议方式是退出还是呼吁，消费者或会员在不断强化其中一种方式的同时必定会忽略对另一种方式的使用，这反而起到了为管理层提供便利的作用。前几章曾经多次指出（特别是在论及呼吁方式时），在这种情况下，那种消费者或会员不太熟悉的抗议方式的作用后果将变得更加扑朔迷离，其效果也将被大大低估。原因是，不常用的抗议方式的有效性，须经不断地挖掘和再挖掘才能显现出来，而实施常用的抗议方式可谓轻车熟路。不常用的抗议方式的新奇之处只有在实施之后才能显露出来，否则，人们是断不会相信的；这样，当退出方式居于支配地位时，人们就会低估呼吁的作用，而呼吁居于支配地位时，退出也不会受到应有的重视。两相权衡，只要人们对呼吁较之于退出表现出些许的倾斜，它所积累的惯性就足以使退出的吸引力大大降低，退出的实施将变得更加难以想象。结果是，人们变得越来越离不开呼吁，而与此同时，管理者们却正在千方百计地削减呼吁对自己的冲击力。

由于上述原因，能生成理想的、有效的且能持之以恒发挥作用的退出—呼吁组合模式的条件，是很难获得满足的。很可能流行的趋势是，人们对一种抗议方式情有独钟，但其作用力度却与日递减，只有当人们痛苦地发现，惯常采用的抗议方式无力独撑局面时，另一种方式才终于被再度采用。

启用另一种方式所能产生的积极的、具有震撼性的效果，最近已经获得了证实。其做法是，在退出一直居于主导地位且几乎具有排他性的领域，出人意料地引入了消费者呼吁机制。这个功绩在很大程度上要归于 R. 纳德的勇气和进取心。与此相反的是，在呼吁一直居于主导地位的领域，也应当引入退出机制。道理何在？为什么采用呼吁方式在组织内部发挥作用的收效递减时，退出行动就突然变得很有影响力了呢？与仍然是组织中的一个成员相比，退出并不能增强他在组织中的影响力，因而在通常情形下，他是不会为了增加影响力而选择退出的。然而，这种方式却经常奏效，当退出是一种打破常规的事件时，尤其如此。社会心理学家注意到：“沟通渠道的堵塞或缺失会使人们转变自己的观点，而且是朝着对自己有利的方面转变。”[2] 退出意味着沟通渠道已经断裂，居于幕后操纵的人无法再与退出者进行交流，他会因此而深感不安。退出者所递交的辩论稿是无人能够回答的。史上有些人靠以身殉道的方式来发挥巨大的影响力，就可以按此类退出方式来理解：殉道者的死是一种退出，而且是一去不再的退出；竟然肯以命相争，他的观点是不容置辩的。

因此，对理想组合概念的批评可以引出以下三点建议。一是，要想永葆抵御衰减的能力，主要靠一种回应机制发挥作用的企业或组织，也应当间或地引入另一种回应机制。二是，有的企业或组织也许应当形成一个有序的循环周期，以便使退出和呼吁轮流作为“主角儿”发挥作用。三是，理想的组合具有天然的不稳定性，因此，改善有利于退出和呼吁双双健康运作的制度设计，也许是很有益处的。

我们甚至可以认为，这本书也许还能产生一些更为直接的影响：把那种潜藏的但却被人们目前所忽视的回应机制挖掘出来，一如前述例证所示，它也许会鼓励企业或组织在回应绩效衰减时要么是启用退出要么是启用呼吁。而这，至少是一个训练有素的作者梦想的组成部分。

注 释

[1] 参见第一章所提到的弗里德曼对教育问题的建议一书。

[2] 参见 Serge Moscovici, "Active Minorities, Social Influence and Social Change", 1968—1969. p.31。这是一篇专为行为科学高级研究中心而准备的论文。为了支持自己的论点，S. 莫斯科维奇 (S.Moscovici) 援引了两个试验结果：一个是穆扎费尔·谢里夫 (Muzafer Sherif) 的，一个是卡尔·I. 霍夫兰 (Carl I.Hovland) 的。

附录 A

一个简单的退出与呼吁图形[1]

对传统需求模型稍加改动就可以看出质量下降是如何引发退出与呼吁的。如图 A.1 所示，我们假定需求质量弹性是已知的，

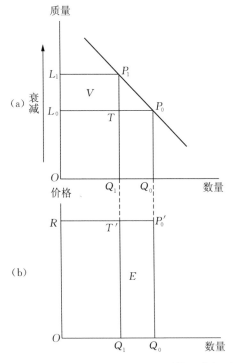

图 A.1　当需求是质量的一个函数时的退出与呼吁

而暂不考虑呼吁有望产生的后果及其可能。所谓需求质量弹性，是指退出对产品质量下降的敏感程度。

在图 A.1 (a) 中，需求是质量的一个函数；坐标纵轴代表质量衰减，而不是像在传统模型中代表价格；在坐标纵轴上，离原点的距离越远，表示产品质量越差；需求曲线仍向右下方倾斜，这与传统模型并无二致。L_0 代表常态的产品质量，L_1 代表下降的产品质量。图 A.1 (b) 的纵轴代表传统模型中的价格。两个图形的横轴均代表消费者购买的产品数量。当产品质量从 L_0 滑落到 L_1 时，产品价格保持不变，但消费者购买数量从 Q_0 减少到 Q_1；图 A.1 (b) 中的矩形（$Q_1 Q_0 P'_0 T'$）面积代表因此而减少的销售收入额。这个长方形被称为"退出矩形"或"E 矩形"。销售收入减少到什么程度才会冲减或完全抵消企业的利润，要取决于企业产品成本的高低，但企业的产品成本并没有反映在图形中。

而呼吁数量的多少既要取决于未退出的消费者人数，即图 A.1 (a) 中的 OQ_1，也要取决于产品质量衰减的程度，即图 A.1 (a) 中的 $L_0 L_1$。因此，有可能发生的呼吁数量与矩形（$L_0 TP_1 L_1$）的面积成正比。这个长方形被称为"呼吁矩形"或"V 矩形"。

在通常情况下，E 矩形和 V 矩形是不可以直接相加的。但是，当产品质量下降时，退出和呼吁却会不明所以地共同对管理层发挥影响作用。如果能将两种方式在总影响作用中所占的份额离析并估算出来，我们就可以在图 A.1（b）的纵轴上画一个刻度 *，这样，两个矩形便有了可比性，从而能正确地反映二者在总影响作用中各自所占的份额。例如，图 A.1 所展示的是：当产品质量从 L_0 降低到 L_1 时，退出的作用力将是呼吁的两倍。如果在某一值域内，退出与呼吁的效应完全取决于两个矩形的面积，或直接随着两个矩形面积的大小而变化，那么，确定两者在对企业影响作用总量中各自所占份额的系数，就是需求质量弹性系数。在此类条件下，弹性系数越高，则退出与呼吁的作用总量就越大，其前提假定是，退出矩形的增大足以抵补因呼吁矩形缩小对产品质量恢复所产生的负面作用。

消费者又吵又闹会占用管理者的时间，修复或调换有瑕疵的产品也会占用企业的人力或物力，因此，呼吁可以提高企业的直接成本。至于呼吁提升企业成本的程度，可以在图 A.1（b）中用呼吁对销售收入的反作用表达出来。例如，我们假定有半数未退出的消费者加入抱怨的行列，它给企业附加的成本占产品售价的 50%，那么，呼吁给企业所造成的收入损失就相当于矩形 $ORT'Q_1$ 的 1/4。（应当注意的是，呼吁对利润具有直接影响作用，而退出是通过销售收入而间接影响利润的。）但是，应当特别强调的一点是，呼吁的影响作用并不能按这种方式转换为可计量的货币标

---

* 据此可画出一个相应的矩形。——译者注

准。本书第六章所做的评论[*]与这一点便具有密切的关系。

注　释

[1]　参见本书第二章和第三章。

附录 B

呼吁与退出的抉择[1]

一个消费者鉴于某产品的质量不断下降，是应当选择退出，还是选择呼吁？本附录将以一种比较正式的方式来探讨这个问题。图 B.1 的横轴代表产品质量（不过，这一次离原点的距离越远，产品的质量越好），纵轴代表累积概率，是消费者所认同的，通过呼吁所实现的哪怕是一点点儿产品质量改进的概率累积。Q_n 表示最初的常态产品质量，同时，我们还假定产品质量已经降低到了点 Q_0。矩形 $OQ_0Q_nQ'_n$ 上的任何一点都代表着产品质量改善的概率，这是一个消费者匡算的、产品质量能实际获得改进的最低期望值。消费者很可能对以下两种组合关系持无动于衷的态度：一种是相对于 Q_0 而言，产品质量改善的幅度较小，但获得改善的概率很高；另一种是改善的幅度较大，但可实现的概率较低。这样，我们就可以获得两条这种类型的无差异曲线。这两条曲线极有可能向原心一侧凸出，原因是，鉴于产品质量已经获得了改进，消费者将变得越来越排斥较低的质量恢复概率。点 V_1，V_2，V_3 分别代表着运用呼吁方式获得了完全的成功：在这三种情形下，产品质量完全恢复到了常态水平，但其实现的概率却互不相同。

退出选择可以用诸如 Q_E 的点来代表；Q_E 介于 Q_0 和 Q_n 之间，是一种相近的竞争品或替代品，其质量优于 Q_0，但劣于 Q_n；当质量已经下降的产品位于 Q_n 左近，而消费者又没有选择与之竞争的产品时，Q_E 劣于 Q_n 这种关系就一定能成立。如果用最直观的语言来描述这个图形，我们通常假定两种竞争品的价格是相同的；但稍后我们将指出，也可以将 Q_E 看成是一种竞争品，但其价格和质量将有别于正在衰减的产品。[2] Q_E 所对应的坐标点表明，与呼吁相比，退出所导致的结果是不确定的，原因是，一种具有蛊惑性的可资替代的竞争品明摆在那里，而且每个人都看得见。沿 Q_E 所形成的无差异曲线（即曲线 $Q_E V_2$），是产品质量改善与实现质量改善（或好于预期的改善目标）几率组合过程中所有点的轨迹，它使得消费者在决定是马上退出还是等待呼吁的结果时，显得颇费思量，举棋不定。$Q_E V_2$ 曲线右上角的点（位于矩形 $O Q_0 Q_n Q'_n$ 中），是质量改善与呼吁有望成功的概率之间的组合值，呼吁与退出在这个范围内"角逐"时，后者往往不敌前者；而 $Q_E V_2$ 曲线左下角的面积，是产品质量劣于 E 因而有可能导致退出的有关组合值。

纽曼—摩根斯顿（Neumann-Morgenstern）为了构建效用函数提出了现代效用理论，退出与呼吁之间的抉择与这一理论所假

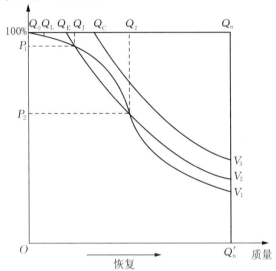

图 B.1　退出还是呼吁：成员影响力及其风险态度取向函数

定的现实生活中人们所面临的选择是吻合的：消费者和会员从两种行为方式中做出一种选择，其中，一个（退出）能产生确定的结果，而另一个（呼吁）却具有随机性，或者说，是一个能产生两种后果的概率组合。在该理论构架中，一种后果优于退出选择，而另一种却不如退出（或者说并不是明显的优于退出）。某人拟定的选用呼吁方式的概率为 P，P 代表呼吁方式在 Q_0 的基础上少所能实现的质量改进的可能性。位于点 Q_0 上的决策者面临着两种选择：一种是 Q_E，另一种是 $[P, \overset{\geqslant}{Q_X}; (1 - P), \overset{<}{Q_X}]$ 的概率组合。在这个概率组合中，前一项中的 $\overset{\geqslant}{Q_X}$ 代表等于或优于

Q_X（极值为 Q_n）的产品质量，后一项中的 $\overset{<}{Q_X}$ 代表优于 Q_0 但劣于 Q_X 的产品质量。图 B.1 中的无差异曲线是通过 P 和 Q_X 之间的此消彼长的关系形成的。当 $P = 1$，也就是说，呼吁的结果确定无疑时：在 $Q_X < Q_E$ 值域，消费者将选择退出；在 $Q_X > Q_E$ 值域，他将选择呼吁；当 $Q_X = Q_E$ 时，退出与呼吁半斤八两，消费者持无所谓的态度（假定呼吁是无成本的，呼吁的后果转瞬即逝）。因此，当 $P = 1$ 时，人们的抉择完全取决于 Q_E 与 Q_0、Q_n 的相对位置，也就是说，要取决于竞争性产品对目前正在衰减产品的可替代程度。但是，如果呼吁的结果是不确定的，则承担呼吁风险的意愿显然是决策过程应予考虑的另一个重要因素。

　　除了明确自己的偏好以外，考虑采用呼吁方式的消费者或会员还应当对实际取得成功的可能性有个大致的想法（衡量成功的标准，是产品质量能在多大程度上恢复到常态水平）。由此类概率分布所形成的"影响曲线"（influence curves），如 Q_0V_1，代表着在呼吁的作用下产品质量沿 Q_0 向 Q_n 实际移动（意味着产品质量改进或恢复）的概率。影响曲线是一个累加型的概率分布。如果对应的概率分布未见异常，如图 B.1 所示，则累加的概率分布就会对称地呈现 S 形。影响曲线左起 Q_0，在这一点上，呼吁不会奏效或效果很好的可能性是 100%；在临近最可能发生的呼吁效果的附近，影响曲线急剧下降；最后，它与直线 $Q_nQ'_n$ 相交于 V_1，在这一点上，呼吁能使产品质量完全恢复的概率大于 0，这是一个乐观的假定。

那么，我们能否根据在过 Q_E 点之后的影响曲线和无差异曲线的位置，来判断消费者是选择退出还是选择呼吁呢？很遗憾，这绝不是一件易事。我们只能说，两条曲线交叉覆盖的面积越大，则选择呼吁方式的可能性就越高。在退出方式可资选择的条件下，如果呼吁方式所能实现的质量恢复能落在较合意的质量完善区间内，超过退出所能实现的最低改进幅度，则消费者就会选择呼吁。在消费者所关注的较大的概率区间内（同样是在退出方式可资选择的条件下），如果呼吁成功的概率大于呼吁失败或呼吁风险的上限，则人们也同样会做出呼吁选择。如图 B.1 所示，如果消费者将介于 Q_1 和 Q_2 之间的任何点都视为合意的产品质量，或者将介于 P_1 和 P_2 之间的任何一点都看作可接受的风险程度，那么，消费者就会选择呼吁。然而，如果某消费者把希望完全寄托在产品质量恢复上，或者想进一步降低呼吁风险，比如，使呼吁成功的概率高于 P_1，那么，他就会转而求诸退出。[3]

我在本书中曾多次强调，实施呼吁的有效方式通常只能在人们付诸运用的过程中才能实现。当退出与呼吁二者必择其一时，呼吁的效果将被低估。鉴于人们对正在衰减的产品或组织怀有一定的忠诚感（参第七章），退出也不无成本，这种成本也许是矫正呼吁效果被低估的一个因素。在图 B.1 中，将 Q_E 点向左移动，譬如，一直移到 Q_L，这就是忠诚所产生的退出成本。它的含义是，可竞争的产品质量优于正在衰减的产品未必对消费者产生足够的吸引力。原因是消费者或成员如果"投向"某一可竞争品的怀抱，他就要支付一定的"非忠诚成本"(cost of disloyalty)，因此，只有当可竞争产品的质量高出一大截儿并可足以冲抵非忠诚的成本时，才会对消费者或成员产生吸引力。当然，Q_L 位于 Q_0 的左端也不是完全不可能的，在这种情形下，退出选择就会被完全排除。

与此相对应的是，图 B.1 中也考虑到了呼吁可能产生的直接成本。如果呼吁需要投入时间和金钱，那么，通过呼吁而实现的产品质量改进程度若不能大于退出的话，则呼吁便不会发生。如果 $Q_E Q_C$ 是实施呼吁所必需追加的产品质量改进，则以 Q_C（而不是 Q_E）为起点的无差异曲线就是退出和呼吁的分水岭。

如果依据有可能发生的呼吁量的大小及强度的高低做一组无差异曲线，则上面的分析就可能变得更趋复杂。在这种情形下，不同的呼吁量将对应着不同的成本；我们或可根据这些成本从理论上构建一个能实现"收益"最大化的最佳呼吁量。我们可以把图 B.1 中那条唯一的影响曲线视为最佳呼吁（量）曲线。在每一个人的呼声在行将产生的呼吁总量中只占很小份额的情形下，我们也可以换一种方式来解释这个问题。每一个人都要做出两种估计：一个是可能产生的呼吁总量（包括他自己的呼声在内），一个是这个呼吁总量目标得以实现的程度。

图 B.1 反映了一个消费者或成员所面临的各种选择或情境，这一点是十分明确的。当我们把退出和呼吁看成是一个行为过程中必居其一的选择时，有的消费者会选择退出，而有的会选择呼吁。究其原因：一是，人们的偏好不同；二是，对其自身的影响力以及发挥这些影响力的成本具有不同的估计；三是，对竞争品对目前正在衰减产品的可替代程度，人们也具有不同的看法。放到图形中考察那就是：每一个消费者的无差异曲线和影响曲线的形状以及 C 点的位置，都是互不相同的；附录 D 中的注释 [4] 将进一步表明，每一个消费者的 E 点也互有差异。

注　释

[1]　参见本书第三章。

[2]　参见本书附录 D 中的注释 [5]。

[3]　对一个必须在退出和呼吁之间做出抉择的消费者或会员来说，如果仅仅将概率分布的期望值考虑在内，那么，在这个概率分布区间上值得担心的就只剩下一个点了，而这个点在过 Q_E 点之后的无差异曲线上是很容易确定的。

附录 C

逆转现象[1]

有的人因为某观赏品（connoisseur good）的涨价而退出消费行列，有的人因为产品质量降低而终止消费过程，这两种现象会不会发生在同一个人身上呢？我们只要对传统的需求模型稍加修改仍然可以回答这个问题。如图 C.1 所示，假定有三个消费者：A、B、C，当某件观赏品的价格分别为 P_a，P_b，P_c 时，每个人乐

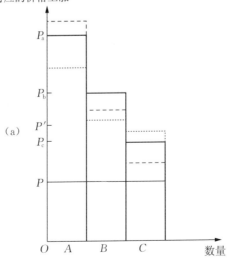

包括产品质量从 Q 下降到 Q'
所对应的价格上涨

（a）

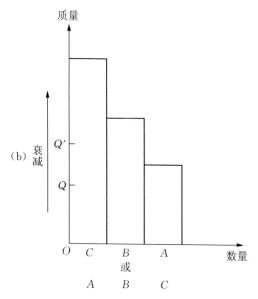

图 C.1   鉴赏品出现逆转现象的可能性

于购买一件；其需求量可用图 C.1（a）中狭窄的长方形来表示。

假定该产品的实际单价为 P，这样，A、B、C 将人买一件。显然，A 的消费者剩余最高，B 次之，C 再次之。当价格上升到 P′ 且产品质量保持不变时，C 将退出消费行列。这时，我们可以把坐标纵轴的价格（上升）换成质量（衰减），即图 C.1（b），且假定产品质量开始下降而价格保持不变，并进一步观察人们购买行为的变化。在质量尚未下降，譬如等于 Q 时，三个消费者都会购买该产品。当产品质量下降到 Q′ 时，有一个消费者将终止消费行为。第四章的论述表明，在这种情况下，终止消费行为的人可能是 A 而不是 C。因为对 A 来说，产品质量从 Q 下降到 Q′ 有可能完全冲减他的消费者剩余，与相对应的价格上升并没有什么两样。而对 C 来说，相对应的价格上升也许很小，因而，还能继续自己的消费行为。在图 C.1 (a) 中，三条短虚线代表着相同的质量下降所对应的不同的价格上升区域。如是，图 C.1 (a)（价格图）和图 C.1 (b)（质量图）中三个消费者的位置将颠倒过来：价格上升条件下的边际消费者在质量下降的条件下有可能成为最后退出消费行列的人，反之亦然。

当然，这种"逆转现象"(reversal phenomenon) 只是几种可能性中的一个。对一件值得鉴赏的商品来说，它应当满足两个条件：一是，质量下降所对应的价格上涨能够根据不同的消费者分别显示出来；二是，对应的价格上涨与相应的消费者剩余成比例。应当补充一点：第二个条件所界定的鉴赏品，只有当消费者之间的收入差别较小时才适用。[2] 这两个条件是相互兼容的。例如，价格上升时，C 作为一个价格边际消费者将最先终止消费行为，但在质量下降时，他同样最先选择"逃逸"；而 A 作为一个对产品质量最敏感的消费者，在相同的质量下降区间内却可能继续他的消费行为。原因很简单，因为 A 的初始消费者剩余太大，尽管相同的质量下降也对应着较高的价格上涨，但并不能完全冲减他的消费者剩余。图 C.1 (a)（价格图）中点虚线与价格 P 之间的距离，就代表着对应的价格上升区间，反映了这种可能性。在这种情况下，呼吁作为一个"主角"发挥作用的几率是很高的。因为消费者剩余较多的人对其自身福利的巨大损失虽然极为不满，但却苦于找不到合适的物品相替代，因此，只要继续驻足于消费行列，他们就会尽量发挥自己的作用，以期推进产品质量改善。

注　释

[1]　参见本书第四章。

[2]　应当补充一点：第二个条件所界定的观赏品，只有当消费者之间的收入差别较小时才适用。

附录 D

消费者在面临几种鉴赏物品选择时对价格上涨与质量下降的反应[1]

求购某种鉴赏物品的消费者面临的花色品种很多，他可以从中选择一件。对上乘质量的鉴赏品，他乐于支付较高的价格，但要受制于两个条件：一是他的个人预算，二是他对高雅艺术品的鉴赏力。这样，将价格和质量组合起来，我们就可以针对不同的消费者得出不同的无差异曲线图，其效用与其他物品（如一辆汽车或一箱香槟）并没有两样。

我们在图 D.1（a）中做了几条这样的无差异曲线，图形的纵轴代表价格（上升），横轴代表质量（改进）。这样，向图右下角方位移动（而在一般情况下是向右上角移动）就代表着消费者的福利获得了明显的改善。

图中的"质量鉴赏上限"（quality appreciation ceiling）和"预算上限"（budget ceiling）代表着消费者所面临的两个限制条件。其实，限制条件是因人而异的，因此，这样的"上限"应当有很多组，但图中只显示了其中的一组。质量鉴赏上限是消费者的欣

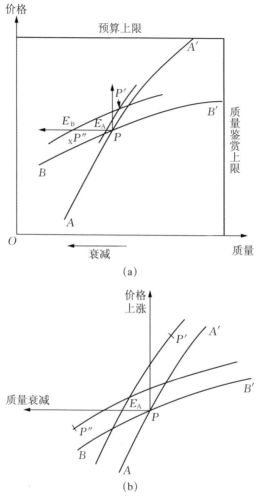

(a)

(b)

图 D.1　价格敏感型和质量敏感型的消费者对价格上涨和质量下降的反应

赏极限，意味着过了这一点之后，产品质量的进一步改善并不会给他带来额外的满足，因此，他不情愿对此支付较高的价格。如果只购买一种物品，则可以把预算上限理解为消费者的总收入；

如果要购买的物品很多，则可以把它理解为在现行价格条件下该消费者可用于购买这件鉴赏品的货币额度。[2] 有的无差异曲线可能在还未触及质量上限时便已经达到了预算上限，如图 D.1 (a) 中的无差异曲线 AA'。它的含义是，质量敏感或挑剔型的消费者对产品质量的些许改进都乐于支付较高的价格。无差异曲线 BB' 代表着鉴赏力较差或价格敏感型的消费者，如果想让他支付较高的价格，产品质量须有较大的改进才行。BB' 先行触及质量鉴赏上限，二者在交点处的斜率几近于零；它说明，产品质量的进一步改进无助于消费者福利的提高，高价位断不会为消费者所接受。

下列分析所依赖的一个基本假定，是质量敏感型和价格敏感型的消费者均处于两个上限水平之下的某一点，尤其是，某人的预算额度并没有对拟购置产品的质量设定一个严格的上限。[3]

消费者过去经常购买的商品其质量一旦下降或价格一经上涨，则人们的质量—价格组合就会发生变化。那么，在什么样的情况下才会产生这种变化呢？现在，我们来分析一下这个问题。首先，我们假定两种鉴赏品，一个位于价格—质量组合点 P，另一个价高质优，位于组合点 P'；然后，再考虑位于点 P'' 的那种商品，其价位和质量均低于 P。图 D.1 所表达的含义是，购买位于 P 点商品的两类消费者都能触及各自最上端的无差异曲线。[4]

当消费者通常所购买的商品质量日渐下降时，结局将会怎样呢？如果价格保持不变，产品质量下降的幅度可用坐标*横轴自 P 点向左的方向显示出来。与 AA' 相平行的那条短线是另一条质量敏感型消费者的无差异曲线，另一种优质高价的商品即 P' 位于这条无差异曲线的上端；如图所示，坐标横轴穿过了这条无差异曲线并与之相交于 E_A（表示于 A 点退出），然后，继续向左延伸，又穿过一条不甚挑剔型（或次价格敏感）消费者的无差异曲线并与之相交于 E_B。因此，一俟另有优质高价的商品可供选择且是唯一的选择时，与不甚挑剔的消费者相比，质量敏感型的消费者必将先行退出原消费行列（P）。根据相同的逻辑关系，还可以得出另一个命题：如图 D.1 中的 P'' 所示，当质地稍差价格稍低的可竞争性商品是可选购的唯一对象时，不甚挑剔的消费者也会退出原来的消费行列。当 P 的质量趋于衰减而优质高价的替代品 P' 和低质低价的替代品 P'' 伸手可及时，质量敏感型的消费者将终止对 P 的消费而转向 P'，随着产品质量继续下降，一段时间之后，不甚挑剔的消费者也将退出 P 而投向 P'' 的"怀抱"。[5]

我们在前一个附录中讨论了逆转现象，即当产品质量下降时，价格—超边际消费者（price-intramarginal consumers）具有

---

* 位于图 D.1（a）的中心处。——译者注

最先退出的倾向。借助于图 D.1 的分析，我们可以对这一问题给出一个更为准确的定义。一个很撩人的结论是，当只有两种情形，要么是 P 和 P' 要么是 P 和 P'' 可供选择时，逆转现象并不会发生。下面，我们就以 P 和 P' 这组商品为例。与坐标横轴表示产品质量下降一样，我们将坐标纵轴定义为产品（P）价格上升。显然，坐标的横轴和纵轴将首先穿越过 P' 点的、质量敏感型消费者的无差异曲线 *。因此，尽管质量敏感型消费者在质量下降的情况下远比价格上升时"逃"得快，但终究没有出现逆转现象。不过，质量敏感型的消费者总是最先"逃逸"，这一点是千真万确的，就像在 P 和 P'' 这组商品中不甚挑剔的消费者经常扮演的角色一样。要想出现逆转现象，至少得具备三种商品，即 P、P'、P''，且 P' 和 P'' 要以 P 为中心相向而立。图 D.1（b）是图 D.1（a）的局部放大，从中可见，代表价格上升的纵轴也许首先穿越过 P'' 点的、不甚挑剔消费者的无差异曲线，而代表质量下降的横轴将首先穿越过 P' 点的、质量敏感型消费者的无差异曲线。换言之，当过去经常购买的商品涨价时，不甚挑剔的消费者将最先退出（转而消费 P''），而当经常购买的商品质量下降时，质量敏感型的消费者将最先退出（转而消费 P'）。在质量下降和价格上升这两种情况下，这两个消费者的退出顺序正好相反。

---

* 即图 D.1 中与 AA′ 相平行的曲线。——译者注

因此，当竞争性的市场上存在着几组价格—质量组合时，出现逆转现象是正常的，不足为怪。

还有一个应当进一步指出的问题。图 D.1 中的 P、P'、P'' 分别代表着可供消费者选择的商品。有可能出现的一种情况是：过 P、P'、P'' 各点所画出的产品排列轨迹，会像转换曲线 (transformation curve) 一样，与无差异曲线的凸向完全相反；其原因是，尽管产品质量改进的幅度相同，但成本却越来越高（产品质量是以某种不包含价格因素在内的客观标准来衡量的）。图 D.1 清楚地表明，质量敏感型消费者逃离正在衰减产品的速度，在很大程度上要取决于是否能够就近发现高质量的替代商品。因此，一如第四章所述，在评价退出与呼吁的各自作用时，必须要考虑产品排列轨迹的密度，而这个排列轨迹的密度，事实上与该商品周边区域不同商品的分布状态具有很大的关系。

注　释

[1]　参见本书第四章。

[2]　我们假定，由于消费者过去通常购置物品的质量或价格发生了变化，尽管消费者会选择某种新的产品替代它，但这种替代对消费者拟购买的鉴赏品的数量并没有影响。这里所探讨的替换，是指单位商品（或一定数量的商品）与不同的价格与质量组合之间的

替换，而不是指质量和数量之间的替换。至于质量与数量之间的替换，请参阅 H.S.Houthakker, "Compensated Changes in Quantities and Qualities Consumed", *Review of Economic Studies*, 19：pp.155—164，1952—1953。尽管消费者购买商品时在质量与数量之间通常是可以相互转换的，但我们现在讨论的问题却可能别有一番更深刻的实践意义。之所以如此，是因为消费者的决策大多具有浑然一体的特征，换言之，是这些决策具有不可进一步分解的特征。一个消费者享用一餐晚宴，买一辆车，购置一所房子，或者送孩子接受教育，他们脑子里想的是按质论价，而不是依据产品或服务的质量来决定购买数量。

[3]　如果质量和价格之间的相互转换对所有的消费者来说都是相同的，例如，第四章所述的轮胎和铁路服务等案例与此就十分接近，那么，他们的无差异曲线就是相互平行且斜率相等的一组直线。再举一个更为极端一点儿的例子。假定有两种牙膏，配方完全相同，所谓的"质量"区别仅在于一个容量大，一个容量小，且前者是后者的两倍。在这种情况下，如果大号牙膏的价格是小号的两倍，那么，除了时间偏好、货栈面积以及其他相比较而言不太重要的因素外，消费者对购买哪种型号的牙膏会持一种无所谓的态度。

[4]　这是因为，另外两种商品，P'、P''，对 AA' 和 BB' 而言都不是如意的选择。这个图形说明，质量敏感型和价格敏感型的消费者双双购买同一种商品是可能的，与市场无时不在的真实情景完全吻合。只有当其他商品的排列轨迹是完全连续的，就是说，连接它的曲线是一条实线而不仅仅是几个点的时候，具有不同价格—质量组合偏好的消费者才不会购买同一种商品。

[5]　从某个具体消费者的角度看，如果对质地优良价格偏高的商品稍加"改造"，使之质量回落但价格仍与他通常所购置的商品持平，那么，该消费者对商品的满意程度就不会因此而发生变化。当然，这种"等效商品"是因人而异的，它要取决于人们对价格和质量

的敏感程度。据此，我们可以说，图 B 中的 Q_E 对不同的消费者而言也是互有差异的。因此，我们即使放弃 Q_E 代表着质量稍差但价格相同的商品这个貌似严格的假定，附录 B 中所述的呼吁—退出选择模型也仍然是成立的。我们可以把 Q_E 看成是人们通常所购置商品的一个等价物，尽管其价格和质量发生了一些变化，当然，这也要根据每个消费者的无差异曲线图而定。

一项实验设计：严格的入会条件对能动主义行为的影响[1]

当组织的功能、行动或产出能力出现衰减时成员如何回应，是本书讨论的中心问题。但这个问题还一直没有被社会心理学家深入地研究过。不过理论界和实证派却对另一个与此大有关系的问题给予了一定的重视。其研究重点是：当成员加入一个群体或组织后，发现现实与当初的预期存在着一定的差距，如乐趣不多，用处不大，获利不丰等。这时，形形色色的成员将对此做出怎样的反应呢？一项意味深长但又有点儿违背直觉的观察，出自 L. 费斯丁格尔（Leon Festinger）的《认知矛盾论》(*The Theory of Cognitive Dissonance*)。该理论表明，加入一个群体的条件越严格或费用越高，人们就会越发喜爱这个群体；一个进入成本较高的人会认为这个组织具有较强的吸引力（或比较引人注目），而进入成本较低的人则找不到这种感觉。因此，当我们把一个组织蓄意地打扮成"丑小鸭"的模样时，进入成本较高的成员会认为他并不怎么"丑"，而免费进入或成本较低的人却觉得它"丑"得丢人。我们在第七章所提出的假定，即使不能对这种观点形成挑战，但至少也会对它做出较大的修正。我们在第七章曾经论述过，在某些情形下，进入成本较高的人有可能成为"一小撮"活跃分子，会采取创新、改革、造反甚至脱离组织等措施。在详细地讨论这个假定之前，我们先简单地浏览一下这个研究领域当前的理论态势。

严格的入会条件对成员热爱组织程度的影响

每一个组织都或多或少地存在着一些成员们并不喜欢的问题。如果某人已经尝过因入会条件严格而带来的痛苦和不快，那么，他就能体会到另一种认知上的矛盾[*]：一方面，为了取得会员资格要接受令人不快的考验，另一方面，这个组织又存在着这样或那样不合人意的问题。这个矛盾只能通过两种方式来缓解：一是改变对不愉快的入会资格审查的认识，就是说，要把不愉快的感受减低到最小程度；二是扭转对该组织所存在的不合自己心意等问题的认识，就是说，要多想想它的好处，将问题抛诸脑后。对温和的不愉快的入会审查（认知矛盾较小）来说，第一种方式

---

[*]　即第七章所称的"认知不和谐"。——译者注

被采用的可能性最大；但是，随着入会条件的苛刻（认知矛盾越来越大），改变申请人对组织的主观判断色彩虽然比较容易，但是，入会资质审查严格、令人不快甚或痛苦毕竟是客观事实，因而，改变的难度会越来越大。所以可以这样说，入会条件越严格，认知的矛盾就越大，而要想缓解这个矛盾，就更应当提高人们对组织的热爱程度。

为了检验这个推论，阿伦森（Aronson）和米尔斯（Mills）[2] 组织了一批自愿参加的女校学生讨论性问题；他们将女校学生分为三组：一组是受试资格严格（认知矛盾较大），二组是受试资格宽泛（认知矛盾较小），三组只是一个试验参照系（即不存在入会资格审查）。第一组的女生要对参与试验的男生大声朗读 12 个淫秽不堪和两个生动地描绘性行为的词汇；第二组的女生要大声朗读 5 个与性有关但却无伤大雅的词；第三组的女生则默读。然后，所有的受试者都会收到一份已通过"羞辱"试验并可以参加正在进行的小组讨论的通知。为了不断地给讨论添油加醋以提高刺激，受试者必须倾听组内其他成员的"妙论"，但自己却要三缄其口，谎称别人所议论的那本书自己并没有读过。接下来，受试者听到了一个老掉牙的关于低等动物亚级性行为的讨论；其间，发言的成员（四个本科女生）语调沉闷，显得自相矛盾，通常是索然无味的样子。讨论之后，受试者给这个讨论和参与成员打分。这个分数就是受试者对这个小组的印象。

结论是显而易见的。与第二组和第三组的受试者相比，第一组朗读淫秽资料的女生显得更热爱这个小组以及小组中的成员。后两组成员对小组的印象并无明显的区别。

阿伦森—米尔斯的试验和结论几乎成了众矢之的，不同的解释也很多。这个试验的目的是为了检测入会资格审查的宽严与成员热爱组织程度之间的关系，批评者大多将焦点集中在该试验的操作程序方面。入选资格与小组讨论均与性问题有关，因此，严格的入选条件也许会激起女生们对此类问题的好奇心，从而渴望加入这个组织，它也许会撩拨起女生们对小组讨论的期望，以为那里会有热烈而富有情趣的性事讨论。另外，通过了严格入选测试的受试者们可能对自己在测试中的表现沾沾自喜，从而产生了一种自我强化的作用，因而变得更喜欢这个小组，而通过宽松选拔测试的受试者们则不会产生这种感觉。

重复进行阿伦森—米尔斯的试验，也许是评估这些批评意见最好的办法。但在试验过程中必须铲除上述两种解释赖以成立的土壤：一是入选资格内容与小组讨论的内容要具有实质性的区别；二是要切断入选成功与否对小组评价的信息反馈渠道。

杰拉德（Gerard）和马修森（Mathewson）重复了这项试验。[3] 两人将肉体上所承受的痛苦（电击）作为入会的资格审查条件，并且测试反馈信号的有无是变化不定的，包括受试者虽受到电击，但却不知道这是资格审查程序的一个组成部分。试验的结论与认知矛盾理论预期的吻合程度令人深受鼓舞：不论受试者知道或不知道他们是否通过了痛感检测，入选的资格审查越严格（即提高痛感），受试者对无聊的小组讨论的喜爱程度就越高。在没有入会资格审查的条件下（即只电击，但未说明是入会资格审查），尽管讨论是冗长乏味的，但并没有出现认知矛盾现象。这是因为，某人虽遭受电击，但目的并不在于获取小组成员的身份，因而，不会提高该人对小组的热爱程度。只有当认知矛盾潜藏于心时，才会最终出现这种矛盾的预期，这会进一步支持认知矛盾理论的解释，即律之愈严，爱之愈深。实际上，与当初阿伦森—米尔斯所得到的试验结果相比，杰拉德—马修森的结论对认知矛盾理论的支持强度要更高一些。

严格的入会条件对能动主义的影响

模型都只是在很短的时间内一次性地测试受试者的行为。此外，在试验中，不论入选条件严格与否，测试者都只能被动地参与，缺乏主动意识。而这两点是不符合实际的。群体活动是长期持续进行的，成员们并非只是被动地参与这个"持续进行"的过程。因此，迄今所做的试验可能只是检测了受试者在严格或宽松入会条件下对绩效较差小组的最初反应。这些最初加入的人成为正式成员后，随着组织的绩效越来越差，他们的认知矛盾也会显得越来越明显、越来越不容易排遣。想要彻底摆脱矛盾看来是不大可能的，但另外两种缓解矛盾的方式还是值得考虑的：一是退出组织；二是通过创新手段或改革性活动来提高组织的绩效或使组织变得充满活力。这两种方式对那些因入会条件严苛而对组织怀有较高期望水平的人具有较大的诱惑力。

只有当某人可以轻而易举地获准辞职或退出成本较低时，上述第一种方式才具备付诸操作的可能。但应当看到，此举会进一步引发认知矛盾（这个矛盾是，我已为入会承受了较大的痛苦，支付了较高的代价，而现在我却要离它而去），未必是一个令人满意的答案。如果相近的组织（具有相似的功能和目标）可望而可即的话，改换门庭的可能性就会大大升高。当退出的成本较高或难度较大时，某成员也许会求诸社会对自己的退出行为给予支持，以便减低由退出而进一步强化的认知矛盾；他甚至会极力劝说他人也采取相同的退出行动。换言之，严格的入会条件可以从三方面对组织执行着批评的职能：一是在组织内部以退出相要挟；二是劝说组织成员也采取类似的行动；三是退出后在外部抨击组织。

第二种方式无论在理论层面还是在实践层面都是最有趣的。当退出较难或不可操作时，对组织进行改组或剔除其负面影响，是一个缓解既爱又恨矛盾心态的有效方式或措施。这种方法能有

效地解决成员在认知方面的两难选择，因而，对成员本人来说是
极为有利的。此外，它还能凭借创新性的改革以提高组织的长期
生存能力，因而，对组织整体而言具有更高的实施价值。成员
的期望值较高，而组织的实际绩效又实在令人不敢恭维，成员
们会以过激的言行和创新性的改革对此做出回应。至于如此回
应的可能性，要看成员们在采取行动过程中有可能产生哪些成本
来决定。有可能产生的成本是：时间、精力、个人技巧和其他
资源等；如果采取行动后组织并未发生任何变化，或因个人声
望不高影响力较弱而招致失败，则参与人还要承担变革失误的
风险。

　　现在，我们可以简洁地给出一个有待进一步检验的新假定。
与轻而易举地获得"入场券"的人相比，经过严格考验而最终得
以"破门"而入但"入场"后又有几分失望的成员，最初是比较
热爱这个组织的。他们或迟或早会率先采取摘除组织"肿瘤"的
改革性措施。从动态的角度看，此举将引发种种有利于组织改良
的措施，如组建新的委员会以设计改良方案，四处察看问题，强
化领导与成员的沟通等。此外，这些人要么是率领一大批人退出
组织，要么是实施求诸社会支持的行动。

　　在权衡或是实施改进组织的措施或是采取离开组织的行动
时，经过严格考验的成员很可能将自己与别人（对组织的印象）
做一番比较，结果往往是夸大了组织的实际衰减程度，对组织的

印象还不如其他人。因而，在作为组织成员的过程中，经过严格考验的人最初显得比轻松获得入场券的人更热爱组织，但后来，对组织的关爱程度还不及后者。观察一下这个预期是否能通过实验检验，将会别有一番情趣。

一项相关的试验

上述假定可以通过一个实验范式来检验。这个范式取自于阿伦森—米尔斯试验（1959 年）和杰拉德—马修森试验（1966 年），所不同的是，受试者加入一个兴味索然的小组后，真实而连续地参加了几期该小组的活动。受试者是斯坦福大学自愿参加的本科生；他们参加了五个阶段的催眠术培训，得到了若干美元的报酬。受试者被分为三组：一组入选严格，一组入选宽松，一组无入选条件（即试验参照样本）。其中，有一部分受试者深信，若不能自始至终地参加整个试验过程，他们将得不到分文报酬（退出成本较高），而另一部分受试者，则只是扣发缺席阶段的"奖金"（退出成本较低）。这样，整个试验设计共有 6 （3×2）种组合方式：入选的宽严程度是 3 个因子，退出成本是 2 个。在整个试验中，选拔过程只有一个，观测受试者对小组、对活动、对成员的喜爱程度共分三个阶段；当然，为了改善小组枯燥的局面和乏味的活动方式，要给激进或革新者提供一些一展身手的"表现"机会，这些"表现"也在实验的考察范围之内。

试验过程

同意参加五个催眠培训阶段的自愿受试者来到实验中心后，要填一张履历问答表。表中几个关键问题是：何以自愿参加此类活动，对小组、活动以及成员的期望水平如何，测量尺度为100分；测量对象有：喜好、兴趣、惰性如何、效率高低、对教育的看法、智商水平、娱乐方式、对小组的吸引力、已参与的组织，等等。为了检测受试者对小组的喜爱程度和小组的吸引力，每一个测试阶段开始和结束后，受试者都要对上述指标重新打分。各个小组在不同催眠阶段的一系列有趣的数据就形成了相互比较的基点。

除了第三组（即样本参照组）的成员外，其他受试者都要参加上述选拔过程，目的是为了将那些在心理或身体方面不能胜任催眠试验或不能与小组其他成员愉快合作的人剔除。受试者被随机地指派到第一组（入选严格）或第二组（入选宽松）。第三组受试成员可以跳过这个试验阶段。

将催眠培训作为小组主要活动的要旨，在于能够使严格的选拔制度自然而然地成为含义丰富的评估过程的一个组成部分（而这一点在前两项试验中则显得牵强附会）。第一组成员要从事一系列脑体力支付程度稍高或者说身心不够惬意的活动。第二组成员所从事的活动在质量方面与第一组相同，但数量比第一组少。为了测试催眠对身心功能的影响，这些脑体力活动在试验中是必不可少的，这些要向受试者交代清楚。选拔过程结束后，应当告知受试者领取"劳动报酬"的条件：一是，只有参加或完成了所有的试验阶段，才能领取 x 美元的"劳动报酬"（为退出设定了较高的成本），二是，每缺席一个试验阶段，扣除 $x/5$ 美元（为退出设定了较低的成本）。

在成为小组成员之前，每一个受试者都要阅读其他成员的自传体的陈述，并被告知他或她在整个试验过程中都要与这个小组进行合作；然后完成一份答卷，谈谈对小组各个阶段活动的期望，以便衡量一下小组对成员的吸引力以及成员对小组的喜爱程度，而这两项指标都是入选条件一个函数。再接下来，是小组成员们相互介绍。每一个试验小组包括七名受试者：两名是入选条件严格的人；两名是入选条件宽松的人；两名是参照样本成员，其中，一名是试验室的"同党"（但其他成员并不知情），至于他的角色下面还会谈及；试验小组还设一名组长（也是试验室的工作人员，但其他小组成员并不知情）。

试验的第一阶段：第一阶段先进行两部分内容，一是听一段题为"什么是催眠术"的录音，这段录音内容琐碎、冗长、陈腐，事实含糊不清，闻所未闻；二是讨论一项适宜的评估催眠术成功与否的试验设计，但这是一个晦涩、含糊甚至自相矛盾的讨论。接下来，受试者将听到一段标准的有关催眠术的证实性实验的录音，内容同样是冗长而乏味的。最后，在宣布休息之前，请受试者给实验活动打一组印象分。

第二阶段：第一阶段与第二阶段之间有十分钟休息时间，其间，受试者不得讨论有关试验项目（但可以思考他们有什么收获并将注意力集中在对小组的印象上）。第二阶段开始后，再重复播放一遍在第一阶段已经进行过的"催眠术证实性实验"的录音（是为了提高"可信度"），然后，由组长向受试者进一步"解释"这项证实性的实验。稍后，他又枯燥而乏味地谈起了催眠术的可信度以及与它有关的统计数据问题。这时，上面提到那位试验室的"同党"开始以退出相要挟，声称这可不是他所愿意学习的东西，并征询他人，谁愿意与他一道退出。这时，现场的试验人员明确表态：参与试验与否完全是自愿的，只有志愿者才会介入这项活动，所以，去留请便。附议"同党"提议的受试者是检测退出的一个指标，当然，这项指标也包括那些自发地想要退出的人。这时，要告诉那些以退出相要挟的受试者，退出是可以的，但必须等第三阶段结束以后才行，而且，退出后就不要参加次日晚所进行的最后两个试验阶段了。这样，就排除了受试者"劳动报酬"损失的问题。在实验过程中，我们还特别留意了有些成员试图劝阻他人退出的言行。第二阶段结束时，实验人员又照例分发了问题答卷：一类与以前相同，请受试者为小组打分；一类是征询改革小组和小组活动方式的建议。这后一类问卷就是第三个衡量指标——创造性的革新行为。

第三阶段：短暂的休息之后，第三阶段就开始了，不过这一次，现场实验人员并没有出席。这一阶段共进行了三项内容。首先，一位研究生走进了实验室，通知小组成员应小组长的请求由他来结束这个培训阶段。此外，这名研究生还介绍了下两个培训阶段的有关信息，并搜集了大家的意见。他向小组成员宣布，下两个阶段的培训与上一个阶段一样，而且，还对某些细节做了进一步的说明。他还重复了一遍每一个受试者当初对小组的评价和喜爱承诺，目的是进一步向受试者突出事前和事后的反差（即认知矛盾），当然，他是在不露声色之间做成此事的。

其次，想要与小组长讨论小组活动或个人继续参与与否的受试者，可以在本培训阶段内约见小组长。受试者应事先讲明，要讨论的问题是什么，什么时间会面，大致要多长时间。想约见小组长，表明受试者萌生了革新性的动力，是衡量受试者行为意向的指标，而真正履约的人数才意味着实施了实际革新行动。

最后，该研究生主持了一个由"同党者"发起的（如果没有其他人倡议的话）"自发性"的讨论。每一个人的发言都记录在案并形成条例，有革新性的发明，有改进小组活动的建议，有受试者的退出威胁。然后，提醒受试者最后两个阶段的培训将于日后的两个晚上进行。届此，第三阶段的培训就结束了。参加最后两个阶段的受试者都会受到询问和调查，都会领取"劳动报酬"，也都会有机会参加真正的催眠术培训。未参加最后两个阶段的受试者也会受到类似的询问和调查，也会领取报酬并享有真正接受培训的机会，不过，是通过信函来完成的。试验结束后，每一个受试者都会收到一份完整的试验结果报告。

测度指标摘要

这项研究中所要测度的因变量指标可以概括如下。

1. 对小组喜爱程度和小组吸引力的测度：

（1）试验前的状态；

（2）加入小组后的状态；

（3）每一个阶段后的状态。

2. 退出测度：

（1）自发性的退出；

（2）响应性的退出要挟。

3. 对呼吁与革新的测度：

（1）对小组活动自发性的评论；

（2）来自调查问卷的建议；

（3）与小组长的约见；

（4）在小组讨论中的表现；

（5）履约人数以及在约见中对小组长的评价。

预期试验结果

1. 加入资格审查越严格，进入初期对小组的喜爱程度就越高。

2. 退出成本愈高，进入初期对小组的喜爱程度就愈甚。

3. 在小组绩效衰减初期，轻松加入和退出成本较低的人，以退出相要挟的频率最高。

4. 以最低标准加入和退出成本最低的人，退出小组的可能性最大。

5. 加入条件严格的受试者（也是退出成本较高的人），对小组的态度会发生明显而短暂的转变。最初，他们毫无怨言（事实上，他们会竭力维护小组的声誉，容不得半点儿批评），但是，过了一段时间之后，当他们转向呼吁和退出时，这些受试者开始对小组百般挑剔，言行最为刻薄。

6. 加入条件严格和退出成本较高的受试者会千方百计地改革

小组的活动方式。

7. 然而，如果受试者不能对小组发挥影响作用而且已经退出了小组的话，那么，他们就会"鼓足干劲"地瓦解小组。在劝诱他人"背叛"小组以使之趋于瓦解这方面，他们的"干劲儿"比那些加入条件宽松且退出成本较低的先行退出小组的成员足得多。他们会求诸社会支持自己的退出行为，尤其会劝诱他人也采取相同的退出行动。

注　释

[1]　参见第七章"入会标准严苛及退出成本较高的忠诚者行为：一个改动的模型"一节。本附录是由菲利普·G.津巴多（Philip G.Zimbardo）、马克·斯奈德（Mark Snyder）以及作者合作完成的。

[2]　[3]　参见本书第七章注释［11］。

译后记

　　此前，《退出、呼吁与忠诚》的中译本已出过两版。译者序是第一版时写的；二版时稍作修改。当时的修改原则是，当改者必改，如一版时赫希曼还健在，二版时已经作古，与此相关的内容时则必须改。可改可不改的，则不改。比如，一版付印已逾十几年，时过境迁，"启示"中的某些内容已成明日黄花，像村委会直选、农民负担、户籍改革、农民"退出"等问题，都已不同程度地获得了解决。诸如此类可改可不改的内容，则一如其旧。因为这些都是上世纪末存在的问题，也是译者当时对这些问题的认识。后来，这些问题不同程度地获得了解决或正待解决，恰恰昭示了时代的进步。不改也好，算是立此存照，作为我国经济体制改革一个局部运行轨迹的记录吧！

　　今次再版，序言保持原貌。

　　此书第一版于 2001 年面世，由经济科学出版社出版，久已脱销。2013 年底，格致出版社的钱敏编辑与我联系，拟再版此书，且已落实好了英文版权。我当然愿意。因为这是一本名著，出版后"好评如潮"。作为译者，我自然希望它余音绕梁，愈久愈好。况且，我还可以借此机会，修正原译稿中的错讹。与当年的责任编辑打过招呼后，我便动手干起来。

一开始我是信心满满的，并与钱敏编辑夸下海口，一个月内交稿。敢于夸口，是因为有底气在。一则，这本书我是读过几遍的，有时是跟学生们一起读，内容很熟，而且总读同一本书，见有文字错误，就随时做出标记，所以改起来应该很快。二则，对自己的翻译能力很自负，原译稿不会有很多错误。

事实证明我错了。2013—2014 第二学期，我恰好给企业管理和旅游管理 2013 级博士生上课；有几个学生英文功底还不错。借着让他们读这本书撰写书评的机会，我请孙林、陈刚和卫银栋三位同学做初步的文字校对工作（第 1—6 章），其余的由我来。做着做着，我发现问题大了：原译稿中不准、不确、误译、错译、漏译之处还真不少！于是我决定全部推倒重来，由我自己来。"重来"耗费了我大量的时间和精力，交稿时间延后了。

重新译校之后，我深感有愧于第一版的读者。借此机会，我要真诚地对他们说一声对不起。挫折和失败可以转化为财富。此言不谬。比如，经此"重来"之后，我的态度就比以前老实多了！上一版即将交稿之际，我的内心真的变得忐忑起来：不知其间还有多少不准不确、不达不雅之处受个人翻译能力的限制还没有被"揪"出来！

　　畅销书一时火爆，其后往往芳色不再；而名著虽无大红大紫却历久弥新。机缘巧合，上海人民出版社联手格致出版社正酝酿推出一个赫希曼的学术作品集，本书当选不让，第三版水到渠成。

　　这本书得以完善且三度面世，有几个人是必须感谢的。

　　第一个是崔之元教授。我俩于 20 世纪 90 年代相识，是他介绍我到美国麻省理工学院作访问学者的。那时，他在麻省理工学院政治学系任教。我俩常在一起"神侃"。一次，我们"侃"及政治经济学问题。鉴于国内对西方政治经济学的认识存在很多误区，于是，萌生了译介一套此类丛书的想法。分工是他负责筛选图书，我负责联系出版单位。他是芝加哥大学的政治经济学博士，科班出身，加之，还有芝加哥大学的学缘关系可资利用，图书的"正宗性"是没有问题的。出版单位的进展也还顺利：经由中国人民大学郭庆旺教授居间斡旋，经济科学出版社乐襄其成。我们还组建了一个编委会，成员是崔之元、杜两省、郭庆旺、卢昌崇、孙刚、王绍光和王询，王询教授任主任。首期推出了四本书，分别是《政治经济学——比较的观点》《宏观经济学中的政治经济学》《货币与金融政治经济学》以及《退出、呼吁与忠诚》。本来还想相继推出二期、三期的，后来出于种种原因竟搁置。可以这样说，如果没有崔之元，也许就没有这套政治经济学丛书，没有崔之元，《退出、呼吁与忠诚》至少要晚几年与读者见面，当然啦，我也就不会成为这本书的译者。

　　第二个是郑春颖先生。郑春颖是伽蓝集团董事长，自然堂的"堂主"，与我交往有年。在企业经营方面他给我留下了两点深刻印象。一是崇尚儒家文化，核心是一个"仁"字，乐于倾听员工和顾客的呼声，实行人性化管理。二是对境外化妆品横行肆里颇不以为然。长期以来他一直钻研东方美学标准，捉摸东方人的肤质特点，并据此倾力打造了几个民族化妆品品牌，如自然堂、美素、珀芙研、莎辛那等，都深受消费者青睐；企业已由当初的"丑小鸭"变成了行业的"领头羊"。呼吁对应着人性化管理、员工报怨和客户诉求；忠诚对应着企业凝聚力的强化和民族品牌忠诚感的培育。于是，我向他推荐了这本书。不想，他还挺较真儿！先是自己读，"感觉挺好滴"，而后让企业全体中层干部读、员工读。读着读着，产生了很多问题，于是便与我讨论。为了吃得准，说得透，我得备备课儿，还须时不时地查读原文。原译稿中的好多问题就是被他们以这种方式"揪"出来的。

　　无独有偶，华为的管理者也曾向员工推荐过这本书。在一次座谈会上，华为公司轮值董事长郭平跟新员工分享了自己阅读本书的心得和体会：面对未来，这本书说了两种选择，用脚投票——退出；用手投票——发出你的声音，去呼吁，去改变。对华为公司来说，退出和发声都是公司的纠错机制。其实没有经历过衰败与锤打，就无法谈及忠诚。

　　这说明，企业界的朋友同样喜欢这本书。

　　第三，是历次出版的责任编辑们。第一版的责任编辑是张惠敏，编译往来我们配合流畅。书"卖"完了，我们的友谊还继续。第二版的"淘宝人"是钱敏。她从成千上万种译介作品中将这本小书选了出来，真是好眼力！译介过程中，她与我沟通频繁，经常提醒和回答我在译校过程中的问题，彼此往复，胜任愉快。钱敏女士现在已到上海人民出版社高就，在即将推出的赫希曼作品集里，她所在的部门将承担《转变参与》一书的出版工作。第二版的责任编辑是李远，令我受益很多。他不仅纠正了我习以为常的错别字，更难得的是，竟参照原文对译稿做了二次审校工作，此类"壮举"在我过去的译介作品中"未始见也"。他指出的有待商榷之译约有十处，经查对原文，言之凿凿者不失七八。要知道，赫希曼的英文既精准细致，又古雅幽晦；这样的编校工作除了英文能力外，还离不开大量的时间和精力投入，尤其是敬业精神的加持。第三版的责任编辑是程倩女士，邮件沟通、电话切磋、微信往来，同样是一个愉悦欢快的合作过程。

　　与这些优秀的责任编辑们合作，是作者、译者的福气！

卢昌崇

2014 年 5 月

2023 年 3 月补记

于东北财经大学烛光园

图书在版编目(CIP)数据

退出、呼吁与忠诚:对企业、组织和国家衰退的回
应/(美)艾伯特·O.赫希曼著;卢昌崇译. —上海:
格致出版社:上海人民出版社,2023.4
ISBN 978 - 7 - 5432 - 3441 - 3

Ⅰ.①退… Ⅱ.①艾…②卢… Ⅲ.①经济学-研究
Ⅳ.①F0

中国国家版本馆 CIP 数据核字(2023)第 031471 号

责任编辑　程　倩
装帧设计　路　静

退出、呼吁与忠诚
——对企业、组织和国家衰退的回应

[美]艾伯特·O.赫希曼　著
卢昌崇　译

出　　版　格致出版社
　　　　　上海人民出版社
　　　　　(201101　上海市闵行区号景路 159 弄 C 座)
发　　行　上海人民出版社发行中心
印　　刷　上海颛辉印刷厂有限公司
开　　本　890×1240　1/32
印　　张　7.25
插　　页　5
字　　数　132,000
版　　次　2023 年 4 月第 1 版
印　　次　2023 年 4 月第 1 次印刷
ISBN 978 - 7 - 5432 - 3441 - 3/F · 1495
定　　价　56.00 元